Adalbert Bezzenberger

Untersuchungen über die gotischen Adverbien und Partikeln

Adalbert Bezzenberger

Untersuchungen über die gotischen Adverbien und Partikeln

ISBN/EAN: 9783744613057

Hergestellt in Europa, USA, Kanada, Australien, Japan

Cover: Foto ©Thomas Meinert / pixelio.de

Weitere Bücher finden Sie auf **www.hansebooks.com**

UNTERSUCHUNGEN

ÜBER DIE

GOTISCHEN ADVERBIEN UND PARTIKELN

VON

ADALBERT BEZZENBERGER,

DR. PHIL.

HALLE,

VERLAG DER BUCHHANDLUNG DES WAISENHAUSES.

1873.

HERRN
PROFESSOR Dr. BENFEY

GEWIDMET.

Kap. I.

Die gotischen adverbien auf *ô* und *ba*.

Ein großer teil der gotischen adverbien lautet auf *ô* aus. Zu ihnen gehören die ags. auf *e*, die an. auf *a*, eben so gewis aber auch die ahd. as. auf *o*. Grimm[1] trennt diese von jenen, gedrängt durch seine erklärung der got. adverbien, in denen er schwache accusative sg. neutr. erkennt. Dagegen erheben sich jedoch große bedenken, denn bei manchen ist ein acc. begrifflich unstatthaft. Die sog. schwache form tritt ein, wenn das adjectivum als attribut vom artikel begleitet ist. Wie sehr diese verbindung mit dem artikel die schwache form bedingt, zeigen beispiele, wo mehrere adjectiva zusammenstehen und bei dem von jenem etwas weiter entfernten die sog. starke form eintritt, z. b. *þaim reiham, þaim veisandam in Aifaisón jah triggvaim in Xristau Jêsu* (Ephes. 1, 1). Die schwache form der adjectiva hat einen mehr substantivischen charakter,[2] und dieser spricht dagegen, daß ihr acc. als adverb verwant worden sei. Man wird also mit der annahme, daß dieses geschehen sei, vorsichtig sein müßen, da sich nur sehr wenige derartige formen als adverbien in den deutschen dialekten

---

1) III. 101 ff.
2) L. Meyer Flexion der adjectiva s. 68.

finden; geeigneter dazu war unzweifelhaft die sog. verkürzte form des neutr. adjectivs. Jene ansicht sollen zwei fälle beweisen, in denen mit nachahmung des griechischen textes das pronomen vorgesetzt wird: þata andvairþô tò παραυτίκα (II Kor. 4, 17) und þata andaneiþô τούναντίον (II Kor. 2, 7). Hierzu könnte man auch noch þata viþravairþô τούναντίον (Gal. 2, 7) und þridjô þata (II. Kor. 12, 14. 13, 1) ziehen; aber sie alle beweisen nichts. Was das letzte beispiel angeht, so kommt nur die form þridjan- vor, und þridjô þata übersetzt genau das griech. τρίτον τοῦτο. Eben so sind die beiden ersten nur eine nachahmung des griechischen textes, und andrerseits könnten andvairþô und andaneiþô an und für sich adverbien sein, die sich, um jene zu bewirken, mit vorgesetztem artikel zu substantivischem oder adjectivischem werte erhoben. Gewis aber sind sie schwache acc. sg. neutr., jedoch beide nicht geeignet, Grimms ansicht zu stützen, denn sie zeigen gerade den vorgesetzten artikel. Wären die adverbien auf ô solche formen, wie Grimm annimmt, so wäre das fehlen des artikels nicht nur unerklärlich, sondern es widerspricht geradezu der got. syntax, da es — abgesehen von fällen, die hier nicht in betracht kommen — nur stattfindet, wenn ein adject. als substant. gebraucht wird, oder in sehr gangbaren ausdrücken, wie libains aiveino, und endlich im vocativ, z. b. dvala (Matth. 5, 22), atta veiha (Joh. 17, 11), überall also, wo es 'hinreichend bestimmt und individualisiert ist.' [1] Adverbien aber bezeichnen gerade etwas allgemeines, den abstracten begriff, und schon deshalb ist von Grimms ansicht abzugehen.[2] Sind aber die got. adverbien auf ô nicht schwache acc. sg. neutr., so gehören zu ihnen auch unbedenklich die ahd. adv. auf. o.

---

1) Heyne Ulfil. s. 275.
2) Vgl. auch Bopp Vgl. gr. I. 356.

Diese sollen aus älterem *aba*[1] durch die mittelstufen *apa, opa, obo, ô* entstanden sein. Da sich jedoch keine spur dieser formen erhalten hat, so müsten sich die betreffenden veränderungen gesetzmäßig und durchgreifend in allen dialekten gleichmäßig vollzogen haben; das ist aber sehr unwahrscheinlich, und da das ende des ganzen processes doch eine verkürzung von auslautendem *ô* ist, so darf man das *apa, opa, obo* ganz aufgeben und das ahd. u. as. *o* direct aus dem got. *ô* entstehen laßen. Dem got. *salbô* (imper.) entspricht ahd. *salpô*, mhd. *salbe*. Letzteres muß durch die mittelstufe *salbŏ* gegangen sein, ehe sein auslaut zum tonlosen *e* wurde, und derselbe process, die verkürzung des auslautenden *ô*, hat sich bei unseren ahd. adverbien, deren constantes *o* auf frühere länge des vocals mit bestimmtheit hinweist[2], schon früher in folge des häufigen gebrauchs dieser wörter vollzogen. Ich stelle deshalb die betreffenden got., an., ags., ahd., as. wörter unter die gemeinsame germanische grundform auf *â*. So z. b. germ. *likâ* got. *-leikô* an. *lika* ags. *-lice* ahd. *-licho* as. *-liko*.

Scherer bemerkt[3], daß dieses *â* mit dem vocal des instrumental- sowie des ablativsuffixes übereinstimme. 'Denn — sagt er — über den kreis der bekannten arischen casus mit unseren vermutungen hinauszugehen, haben wir offenbar kein recht, so lange innerhalb desselben eine genügende erklärung gegeben ist. Daß im got. pronominale instrumentale auf *ê* erhalten sind, würde nicht gegen den instrumental sprechen, denn auch im gen. pl. z. b. ist eine differenzierung in *ê* und *ô* eingetreten. Aber bedenklicher ist schon die beibehaltung der länge im ahd. neben sonstiger

---

1) Grimm hält dieß für die endung der got. adv. auf *ba*; s. weiter unten.
2) Scherer Zur geschichte der deutschen sprache s. 461.
3) s. 462.

verkürzung, und vollends die an. *a* neben dem instrumentalen *u* des neutralen dativs der adj. raten dringend, von dieser identificierung abzustehen. Es bleibt also nur der ablativ.'[1] Ist auch das über den instrumental gesagte unzweifelhaft richtig, so muß ich doch bestreiten, daß in den got. adverbien auf *ô* und damit auch in den entsprechenden der anderen dialekte. alte ablative stecken. Um sicher zu gehen, laße ich im folgenden eine übersicht der in betracht kommenden, in endsilben befindlichen got. *ô*, *é* und *a* folgen.

1) *ô*. Die in den endsilben der verba erscheinenden *ô*, die aus volleren formen verstümmelt sind, die fem. auf *ôn*[2] und die adverbien *sniumundôs, aljaleikós* können wir übergehen. *gibôs* (gen. sg. v. *giba*) könnte aus *gibá-as* entstanden sein, gieng aber vielleicht aus *gibá-j-as* hervor, vgl. skr. *gatáyás*, lat. *Proserpnais, Dianaes*.[3] Die gen. *pizôs, izôs* sind sehr unklar; wahrscheinlich liegt ihnen ein *-s(m)ajá-as, — sá-as* oder *sá-j-as* zu grunde. *gibôs* (n. pl.) ist entweder = *gibá-as* oder *gibá-sas* (vgl. ved. *açrásas*); am wahrscheinlichsten aber ist es *gibájas* (vgl. lat. *equae*, älter *equai*, gr. χῶραι); *ijôs* nom. pl. f. v. *i-s* weist auf einen stamm *ija* zurück. *gibôm* (dat. pl.) entstand aus *gibáljams; gibô* (gen. pl.) = *gibá-ám*. Dieses *ám*[4] entstand vermutlich aus *sám*, welchem *sáms* oder *sams* zu grunde liegt.[5] Demnach wäre *gibô* aus *gibásams* oder *-sám, pizô* aus *tasams* oder *-sáms* entstanden. Den nom. pl. *vulfós* aus *vulfa-as* zu erklären, liegt nahe; aber es bieten sich auch andere möglichkeiten. Entweder kann das *-ós* mit lit.

---

1) Derselben ansicht sind Bopp I. 355 und L. Meyer G. spr. 462.
2) L. Meyer G. spr. 237.
3) Schleicher Compendium s. 541.
4) Ich möchte an das skr. suffix *ám* des loc. sg. fem. und an gen. loc. dual. auf *os* (grdsprl. *aus*, aus *ams*?) erinnern.
5) Schleicher s. 544.

a-i (*vilkaí*), ksl. *i* (*rlíici*), lat. *î* (*lupi*), gr. *o-ι* (λιχοί) auf ein -*a-j-as*[1] zurückgehn oder aus -*a-sas* (durch *a(s)as*) oder -*ásas* (durch *á(s)as* oder *ás(a)s*) entstanden sein, vgl. ved. *devásas*. Dieses ist mir das wahrscheinlichste.[2] *só, þó, hvó* zeigen *ó* grdsprl. *á* gegenüber, in folge der betonung. *blindôs, liubôs* u. a. (nom. acc. pl. fem. adj.) entstanden wahrscheinlich aus *blinda-j-ôs* u. s. w. oder schließen sich eng an die declination der substantive an. *hvarjôh* können wir übergehen.[3]

2) *ê*. Es erscheint auslautend im gen. pl., abgesehen von den fem. auf *a* (*á*), *ôn*, *ein*, *eini* und den pronominalformen auf *ra*. Das suffix ist bereits oben besprochen. Darauf, daß das masc. -*ê*, das fem. -*ô* zeigt, wie *fiskê* gegenüber *gibô*, hat jedesfalls der stammauslaut einfluß geübt (vgl. dazu *balgé* und *ansté* v. *balgi* m. und *ansti* fem.). Ferner findet sich *é* in den pronominal-instrumentalen *þé, hvé, své*, die aus *ta-á* u. s. w. entstanden, s. w. u., und alte länge in folge ihrer einsilbigkeit bewahrten. *hvammêh* und *hvarjammêh* können wir übergehen; eben so *dés* z. b. in *sand-i-dés*, welches hinter dem *s* eine silbe einbüßte.[4] Eben so müßen wir die adverbien auf *é* hier übergehen, die weiter unten besprochen werden.

3) *a*. Im nom. sg. der fem. auf *a* z. b. *giba* entspricht es regelrecht grdsprl. *á*. Es findet sich ferner im dat. sg.

---

1) Schleicher s. 516 ff.; dagegen L. Meyer Gr.-lat. decl. s. 65 ff.
2) Scherer s. 427.
3) Obgleich nicht hierher gehörig, erwähne ich nur, dass mir die vermutung L. Meyers (G. spr. s. 459), *mênóp*- sei durch suffixales *ant* gebildet, unrichtig zu sein scheint. Ich vermute, dass es = *mênavant*, *mênarat* stehe.
4) *dés* kann nicht für *didês* stehen, das mit einbuße des auslautenden *a* und verwandlung des dann auslautenden *t*-lautes sich unmittelbar skr. *dadhâtha* vergleichen soll (L. Meyer G. spr. 448), da auslautender *t*-laut im got. nicht so ohne weiteres zu *s* wird. *dés* ist ganz anders zu erklären, hier aber nicht der ort, darauf einzugehen.

der masc. und neutr. auf -*a* und der masc. auf -*i*. Grundsprachliche dativendung ist *ai;* so entstand *vulfa* aus *vulfai* = *vulfa-ai* (gr. λυκῷ). *balga* ist wahrscheinlich nach analogie von *vulfa* gebildet.[1] Auslautend *a* erscheint im nom. acc. voc. pl. der neut. auf -*a*. Die grundsprachliche endung ist entschieden *â*,[2] wie es die griech. und latein. zahlwörter zeigen. Auch das *a* der consonantischen neutralthemen z. b. *haírtôna* weist entschieden auf älteres *â* hin; *vaúrda* liegt also ein *vaúrda-â* zu grunde. Im nom. sg. *guma* ist *a* aus älterem *án*, *ans* entstanden. Die form *gumán* muß eingetreten sein, ehe die gotischen auslantsgesetze zu wirken begannen. Die neutra zeigen dem gegenüber *ô*, und dieß wäre unbegreiflich, wenn *namô*, *haírtô* ein *naman*, *hirtan* zu grunde läge. Wie aber ὄνοματ- zeigt, ist *naman* aus älterem (*g*)*namant* entstanden, und diese verstümmelung von *mant* zu *man* ist eine folge der betonung, da der accent ursprünglich auf die endung fiel. Eben so ist *an* in *haírtan* wol aus *ant* entstanden. Dieses *ant* wurde unter dem einflusse des accentes und der position zu *ánt*, *t* fiel ab und ihm folgte *n*, letzteres aber erst in verhältnismäßig später zeit, da in *fön* (gen. *funins*) der nasal noch bewahrt ist.[3] Der vocat. ist hier und bei dem masc. gleich dem nominativ. *ija* (acc. sg. fem. und nom. acc. pl. n.) können wir übergehen. *þamma* entstand aus *tasmai*, wie *fiska* aus *fiskai*. Schwer zu erklären sind die pronominalen gen. *meina*, *þeina*, *scina*, *unsara*, *izvara*, *igqara*. Jedesfalls liegen ihnen adjectivische stämme zu grunde, aber ich bezweifle, daß sie gen. pl. und *a* = -*â*

---

1) J. Schmidt Zur gesch. des indogerm. vocalismus s. 51.

2) Bücheler Lat. decl. s. 19; Schleicher s. 527.

3) L. Meyer G. spr. 233. Die obige erklärung ist, wenn auch rein hypothetisch, einstweilen doch die einzig mögliche.

regelrechter vertreter von grdsprl. -*ám* sei.[1] Denn der reflex dieses suffixes ist im got. sonst *ê* oder *ô*, und eine durchgängige vertretung des gen. sg. durch den gen. pl. ist sehr unwahrscheinlich.[2] Das *a* in *þan-a*, *þat-a* ist aus *â* entstanden und = gr. *η* in *ἐγώνη* u. a.[3] Die adverbien auf *a* müßen wir übergehen, da auch sie in frage stehen.

Es bleiben noch einige fälle aus der conjugation übrig: *bairaiva, bairaina, béreiva, béreima, béreina*. *bairaiva* kann nicht direct skr. *bhareva* entsprechen,[4] denn dadurch würde das got. vccalische auslautsgesetz ganz umgestoßen. Man hat deshalb einmal nach ahd. *-âmês*, *-emês*, *-êmês* älteres *-aimâs*, *-airâs* angenommen. Jedoch ein solches *-mâs*, *-vâs* läßt sich grdsprl. nicht nachweisen, und auf jene gedehnten ahd. formen darf man bei der erklärung der gotischen sich nicht stützen, da der grund der dehnung einstweilen nicht ganz klar ist. Andrerseits hat man angenommen, daß eine grundform *bhara-i-vas* zu *bairaiv* geworden und daran *a* (wie in *þana* u. s. w.) getreten sei. So lange sich aber noch eine andere erklärung bietet, wird man ihr, wenn sie das wort als einheitliches ganzes erklärt, vor jener den vorzug geben müßen. Die II. dual. *bairaits* gegenüber skr. *bharctam* zeigt primäre endung, demnach dürfen wir eine solche auch in *bairaiva* suchen. Dieses entspricht einem grdsprl. *bhara-i-vasi* oder *-iavasi*

---

1) Schleicher s. 633. 639.
2) Die deutschen dialekte geben keine aufklärung, da das auslautende *a* außer im as. *unkero*, färöischen *okkara*, *tikkara*, *ydara* und vielleicht im neufr. *jaringe* eingebüsst ist; vgl. Grimm Gesch. 976. Ich halte gerade sie für alte ablative, *meina* = *meina-át*.
3) L. Meyer G. spr. 376; vgl. jedoch Fick s. 106.
4) Westphal Hist.-phil. gramm. s. 214; L. Meyer G. spr. 370, Schleicher s. 706.

oder -*vivasi*;[1] *bairaima* entstand aus *bhara-i-masi*, *béreiva* aus *bér-i-vasi*, *béreima* aus *bér-i-masi*. Die verschiedne behandlung der suffixe *vasi* und *masi* im ind. und conj. erklärt sich durch die verschiedenheit der davor stehenden laute und die dadurch bedingte verschiedenheit des tonfalls. *bairaina*, *béreina* gegenüber bietet sich allerdings, da sie skr. *bhare-yus* gr. φέροιεν nicht entsprechen können, keine andere möglichkeit, als das -*na* aus *n(t)a* entstehen zu laßen, oder[2] — was auf eins hinausläuft — anzunehmen, daß der ausgang der ersten dual. und plur. diese bildung bewirkte.[3]

Hiermit schließe ich diese episode, die allerdings manches nicht hierher gehörige berührt, im wesentlichen aber geboten war, um im weiteren verlauf der untersuchung sicher zu gehen.

Scherer bemerkt (s. 119), alte länge sei geblieben, im gen. pl. aller nomina ursprünglich *án*, im nom. pl. der masc.

---

1) Benfey Üb. die entstehung und die formen des ig. optat. Göttingen 1871.
2) L. Meyer G. spr. 381.
3) Ich möchte noch einige worte auf den dat. plur. verwenden. *fiskam* liegt *piska-bhjams* zu grunde. *gumam* (v. *guman-*) könnte man nach analogie von skr. *rájabhyas* als aus *gumanm* entstanden ansehen. Doch widersprechen *abnam* und *vatnam* und die an. declin. *gumnar*, *gumna*, *gumnum*, *gumna*. Diese ist ist innerhalb des an. sicher die älteste. Ich halte *gumam* für aus *gu-m(a)n-a-m* entstanden, vgl. lat. *hominibus*. Ein solcher vocalischer einschub findet sich auch sonst in consonantischen themen, im got. und in anderen sprachen; seine älteste gestalt, *a*, bewahrt das gotische. Er ist aber sicher nicht hilfsvocal, sondern solche formen führen auf eine vollere form des suffixes *bhjams*, nemlich *abhjams* (vgl. Benfey Kl. gr. §. 459), vgl. skr. *asmábhis*, *yushmábhis*, *ávábhyám*, *yuvábhyám* (neben *yuvabhyám*), *gatábhyám*, *gatébhyas*, ved. *viçvebhis* (wo *e* = *a* steht, vgl. Benfey a. a. o. s. 292. bem. 2). Damit hängt dann vielleicht auch das suffix des dat. sg. *ai* zusammen (vgl. skr. *tubhyam*, *mahyam* und den instr. pl. z. b. *gatais* aus *gatábhyas*, älter wol *gata-abhyas*) vgl. Schleicher s. 554.

auf *a*, im nom. acc. pl. und gen. sg. der feminina auf *d*, im nom. sg. der feminina auf *ân* und neutr. auf *an*, grundform dort ungewis, hier *ân*, und endlich bei den in frage stehenden adv. als alten ablativen. Die obige übersicht zeigt, glaube ich, daß die formen, welche das letztere beweisen könnten, wenigstens in frage zu ziehen sind. Scherer scheint die von ihm constatierten ausnahmen dadurch erklären zu wollen, daß er annimmt,[1] stammauslaut und casussuffix seien mit hiatus gesprochen, und dieses allein als endsilbe dem vocalischen auslautsgesetze unterworfen worden. Daß dieser hiatus zur zeit der indogermanischen spracheinheit bestand, ist zuzugeben; ob aber im got. noch zu der zeit, als das verhältnismäßig junge vocalische auslautsgesetz zu wirken begann, ist sehr fraglich. Aus *rardha-â* wird *vaúrda*, aus *tasmâi þamma, fiskâi* (= *pisku-ai*) wird zu *fiska*, und *guma* ist wol aus *guman*(s) entstanden. Woher hier die verkürzung? Die got. sprache zeigt eben die durchgreifende neigung, den langen vocal im auslaut zu verkürzen, unbekümmert, ob ihm *ă-ă* oder *ā* zu grunde liegt. So sind in den partikeln manche lange vocale gekürzt, ja geschwunden, welche hätten bleiben können: verkürzt z. b. in *fra* zend. *frâ*, eingebüßt in *hvad* = skr. *kadha, kuha*, älter *kadhâ* (s. w. u.)

Das got. -*ô* soll nun auf der zendischen ablativendung *ât̰* beruhen.[2] Grundsprachlich läßt sich als solche mit sicherheit nur *at* und *ât* nachweisen, denn daß lat. *ōd* und gr. *ως* auf jenem *ât̰* beruhen, ist sehr zweifelhaft. Dieses gehört speciell nur der sprache des avesta an, und gewis richtig hat man darin eine distraction von *ât* erkannt.[3] Vor der endung wurde im zend der stammauslaut *a, u, i* gestei-

---

1) s. 120; vgl. Misteli Zs. XIX. 100.
2) Scherer s. 120. 463. Misteli a. a. o.
3) Justi s. 359, 13.

gert; wo der ablativ eines nicht auf *a* auslautenden stammes -*dat* zeigt, ist dieß wol durch übertragung von *a*-stämmen oder vielleicht nach analogie der feminina zu erklären.[1] Weiter ist nicht zu übersehen, daß in allen bei Justi[2] angeführten stellen sich hinter dem ablativ die enklitische partikel *ca* findet, die vielleicht eine veränderung der betonung und damit eine distraction herbeiführte, wie ja bekanntlich *a* vor enklitischen wörtchen im avesta gedehnt wurde.[3] Die einzige ausnahme macht *dat* = skr. *át*. Demnach bin ich wohl berechtigt, das zend. *dat* als für das gotische maßgebend ganz zurückzuweisen. Es bleiben als ablativendungen nur *at* und *át* übrig. Wäre *vulfós* aus *vulfa-as* entstanden, so hätte auch z. b. *ufara-at* zu *ufaró* werden können. Jenes ist sehr zweifelhaft, und daß *ufara-át* zu *ufaró* hätte werden können, muß ich auch bezweifeln, denn *vardha-á* wird zu *vaúrda*, und *ana* liegt vermutlich ein *aná* = *ana-á* (instr.) zu grunde. Weiter aber wäre nach analogie von *þé*, *hvé*, *své* aus -*a-át* wahrscheinlich *é*, nicht *ó* geworden. Endlich widerspricht ein got. adv. ganz entschieden der besprochenen ansicht. *fairra* ist nicht von lat. *porro* und gr. πόρρω zu trennen, und diese sind wol nichts anderes als alte ablative. Überhaupt muß das fehlen des ablativs als casus im slavodeutschen, wo er sich nur in einigen adverbien findet, bedenklich machen, in einer ganzen wortclasse, den germanischen adverbien auf *á*, ablative zu suchen. Zu dieser ansicht haben *þaþró*, *hvaþró*, *utaþró* u. a. geführt, die alle deutlich ein woher bezeichnen. Ob sie aber deshalb ohne zweifel alte ablative sind?[4] Der umstand, daß sie abla-

---

1) Scherer s. 302; Schleicher s. 534.
2) a. a. o.
3) Justi s. 358, 11.
4) L. Meyer G. spr. 462.

tivische bedeutung haben, beweist das noch nicht, und ihnen stehen mit gleicher bedeutung *aftana*, *iupana*, *utana* u. a. entgegen. Gerade in diesen erkenne ich alte ablative, in jenen ist die bedeutung 'woher' nicht durch das auslautende *ô*, sondern durch das in ihnen enthaltene suffix *tara* bedingt. Die skr. adverbien auf *tra* (wie *tatra*, *atra*, *kutra*) sind instrumentale des comparativsuffixes *tara*,[1] und die alte länge ist in *sutrá*, *purutrá* bewahrt. Eine comparativische bedeutung tritt in diesen wörtern jedoch nicht zu tage. Nun hat man vermutet, daß jenes suffix mit der wurzel *tar* sich hinbewegen über, sich hinaus bewegen über — zusammenhange.[2] Diese sinnliche grundbedeutung hat sich in diesen localen adverbien erhalten. So bedeutet *udatara* ursprünglich das äußere durchdringend (vgl. *utaþrô*), *jinatara* (vgl. *jainþrô*) jenes, das dortige durchdringend, überschreitend. Grundsprachlich hat *tar* außer der bedeutung durchdringen, auch die eindringen, ans ziel gelangen, und so konnte z. b. *ta-tara* auch die bedeutung bei diesem ankommend, dortig haben. Hierher gehören die skr. instrumentale und die lat. ablative (z. b. *intra*, *ultra*, *citra*). Wie hier die bedeutung des worts nicht durch die flexionsform, sondern durch das secundäre suffix bedingt ist, so ist dasselbe auch im got. der fall; aber während bei dem Inder und Lateiner das adverb ein erstarrter casus ist, benutzte der Gote ein anderes mittel zur adverbialbildung.

Ich wende mich kurz von der bisher besprochenen, mir unannehmbaren ansicht zu einer anderen, welche die ahd. adverbien auf *o* als instrumentale erklärt. Dietrich sagt:[3] 'brevius et aptius etiam adv. theotiscum, ut ubilo, ad instrumentalem quondam per ô formatum, refertur quam si

---

1) Benfey Gramm. s. 235.
2) Scherer s. 324. Über *tar* vgl. Fick s. 78.
3) Dietrich Hist. decl. theotiscae primariae s. 15.

origo eius ex ipsa goth. forma ubilaba deducitur; hanc enim sequi debebat theotisco upilapa, unde demum per upilaba, upilava ad upilô et upilo pervenitur, quae formae mediae sine vestigio sunt.' Aber diese ahd. adverbien sind von den got. auf *ô* nicht zu trennen, und wir dürfen nicht in ihnen instrumentale erkennen, wie wir aus dem oben aus Scherer gegebenen citate sehen; auch konnte *ubilô* nicht aus *ubila-d* entstehen, so wenig als aus *vardha-d vaúrdô* wurde. Über diesen ahd. instrument s. w. u.

Vigós (1 dual.) entspringt aus *vagha-vasi*, wie ksl. *vezevě* lit. *vėžava* und *vigam* ksl. *vezemŭ* lit. *vėžame* lat. *vehimus*, dor. τύπτομες zeigt. Wie hier *ós* aus *avas* entstand, so lege ich dem got. -*ô* der adverbien ein *avant* zu grunde, dessen anlautendes *a* der auslaut des adj. stammes und *vant* das secundärsuffix ist, das häufig zur bildung von adverbien verwant wurde. Ehe ich mich dazu wende, dieß auch den anderen deutschen dialekten gegenüber zu rechtfertigen, halte ich es für rätlich, die verbreitung des secundärsuffixes *vant* nachzuweisen. Als primärsuffix kommt es nicht in betracht, so wie auch seine verwendung als suffix des part. pract. act. übergangen werden darf.

Wäre der beweis Benfeys für seine theorie, daß außer *vat* auch *van*, *va*, *us*, *u* verstümmelungen von *vant* seien, bereits veröffentlicht, so hätte ich leichtes spiel. So jedoch darf ich darauf nicht fußen und muß mich an das volle suffix *vant* und das, wie das skr. deutlich zeigt, daraus entstandene *vat* halten.

Was das skr. anlangt, so kann 'wie dieses durch das suffix *vat* bezeichnet werden 1) wenn das verglichene das gemeinsame der handlung ist, 2) wenn das verglichene mit *iva* (gleichwie) im locat. oder gen. stehen könnte.'[1] Im

---

1) Benfey Gramm. s. 217. §. 579.

allgemeinen darf man *vant* für ein einfaches secundärsuffix erklären, z. b. in *balavant, naravant, nayavant, açvâvant, uktavant, káryavant, sarasvant, vasuvant, daṇḍavant.*[1] Die reihe läßt sich mit leichter mühe um ein beträchtliches vermehren.

Im zend begnüge ich mich damit, einige fälle zusammenzustellen, wo es mit dem skr. übereinstimmt: z. *aêtarañṭ* skr. *etavant*, z. *thwâvañṭ* skr. *tvâvant*, z. *puthravañṭ* skr. *putravant*, z. *cithravañṭ* skr. *citravant*,[2] z. *haomavañṭ* skr. *somavant*, z. *marañṭ* skr. *mávant*.[3]

Steht so der secundäre gebrauch des *vant* im arischen fest, so ist er weiter auch schon als indogermanisch nachgewiesen.[4] Skr. *pivasvant* = gr. πιη-εις für πιϝήϝεντ, πιϝέσ-ϝεντ, skr. *cakravant* = κυκλόϝεντ, skr. *cháyávant* = gr. σκιόϝεντ, zend. *visharañṭ* = gr. ϝισόϝεντ.[5] Dazu kommt noch skr. *apavant* gr. ὀπόεις für ὀπόϝεντ,[6] skr. *tarasvant* gr. τελήϝεντ, skr. (*abhi-*) *janavant* gr. γονόϝεντ, skr. *bhargasvant* gr. φλογόϝεντ und lat. *fumósu-s*[7] skr. *dhûmavant*.[8]

Weiter läßt sich dieses *vant* auch als europäisch nachweisen; man vgl.[9] lat. *dolôsu-s* gr. δολόϝεντ, lat. *nivôsu-s* gr. νιφόϝεντ, lat. *silrôsu-s* gr. ἰλήϝεντ, lat. *rinôsu-s* gr.

---

1) Vielleicht darf man *daṇḍa* aus *darṇḍa* (= *darna-da?*) erklären; daraus konnte durch metathese *dandra* werden, und diesem entspricht gr. *δένδρον*. Dann wäre *daṇḍavant* = *δενδρήϝεντ*.
2) lautlich übereinstimmend mit lat. *citrôsu-s*.
3) Hier möchte ich an skr. *mama* (aus *mamant, mavant?* vgl. Benfey Kl. gr. 334, 6) erinnern. Vgl. gr. τεϝό-ς, ἐϝός, lat. *meu-s* (aus *mava* durch *maja?*), *tuu-s*, *suu-s*, lit. *tàra-s*, *sàra-s*.
4) Fick Zs. XVIII. 455.
5) Vgl. weiter lat. *vīrôsu-s* stinkend, giftig.
6) Fick s. 10.
7) Ueber diese lat. bildung L. Meyer Vgl. Gramm. II. 602, Schleicher s. 388 f.
8) lautlich identisch gr. *θυμόϝεντ, θυμόεις*.
9) L. Meyer a. a. o.

ϝοινόϝεντ, lat. *animôsu-s* gr. ἠνεμόϝεντ, lat. *culmôsu-s* gr. καλαμόϝεντ.[1] Im deutschen finden wir ein sicheres beispiel in ags. *heorot* ahd. *hiruʒ* hirsch = gr. κερόϝεντ, κερόεις gehörnt.[2] Auf letto-slavischem boden läßt sich, so viel ich weiß, *vant* als secundärsuffix nicht nachweisen, und im germanischen ist wol *heorot* das einzige sichere beispiel. Aber dieser mangel fällt nicht schwer ins gewicht, da beide sprachen, namentlich das got. und ksl., die neigung zeigen, endsilben zu verstümmeln. Läßt sich doch auch das suffix *mant* unverstümmelt mit sicherheit nicht im letto-slav., im got. nur in *sniumundô*, *ahman*- (neben *ahmateini*-), in *hliuman* = zend. *ɣraoman* durch ahd. *hliumunt*, für welches ein thema *hliumun-ta* wenig begründet ist, nachweisen. Eine spur jedoch glaube ich gefunden haben, aus welcher man auf die frühere existenz des secundären *vant* im letto-slav. schließen darf; böhm. *zelva* lit. *zlůva* entspricht gr. γαλόω-ς lat. *glôs* aus *gelovos* (gen. *glōris*),[3] wo vielleicht altes *t* sich als *s* bewahrte.

Jedesfalls glaube ich berechtigt zu sein, dieses *vant* im got. suchen zu dürfen. Wie o. b. wird im skr. die neutralform der mit ihm gebildeten wörter sehr oft als adverb verwant, in der schwachen form *vat*. Dieser gebrauch findet sich schon grundsprachlich, vgl. skr. *távat* gr. τῆος, skr. *yávat* gr. ἧος. *vat* aber ist verstümmelung von *vant*, welches gr. τέως, ἕως zeigt. Diese schließen sich an ein *yavant*, *tavant* an (vgl. zend. *yavañt*), jene an *yávat*, *távat* aus

---

1) Fick s. 438.
2) Vgl. lat. *cervu-s* gr. κεραό-ς = κεραϝό-ς zend. ɣrva (= ɣarava) vgl. Fick s. 34; Or. u. Occ. I. 197. Ein anderes beispiel ist vielleicht ahd. *binuʒ* (Graff III. 130), welches mir jedoch unklar ist.
3) Fick s. 356.

yávant, *távant*, deren inlautendes *d* aus *a* durch dehnung vor *r* hervorgieng.¹ Dieses *vant* muste auf gotischem boden zu *ran*² werden, und diese form konnte bleiben. Aber wie aus dem nom. sg. *gumans* nach einbuße des *s* auch das *n* abfiel, wie *ahman* aus *akmant* den nom. *ahma* zeigt, so konnte auch bei *ran* das *n* eingebüßt werden, und so bliebe nur *ra*.³ Dasselbe ist auch für die deutschen dialekte zuläßig. Dem *ait* in skr. *bharet* gr. φέροι entspricht got. *ai* in *bairai*, ahd. *e*, as. *a*, ags. *e*, an. *i*, afr. *e*; also ist das ursprünglich schließende *t* überall abgefallen. Dem got. *hana* entspricht ahd. *hano* as. *hano* ags. *hana* an. *hani* afr. *hona*; sie alle also haben das nach abfall des *s* auslautende *n* eingebüßt. Wie nun aus *rigaras rigôs* wurde, so konnte z. b. aus *leikava(nt)* *leikô* werden. Einbuße eines *v* aber zeigt sich auch in den anderen deutschen dialekten; ein schlagendes beispiel wäre *sindos* = *pergite* der Kass. glos., in welchem vielleicht ein dual auf *ôs* wie in got. *bairôs* vorliegt;⁴ allein es ist zu vereinzelt und unsicher. Sie findet sich jedoch auch im mhd. *schiel* = klumpen, fetzen, lit. *szévul-ý-s* skr. *civara* gr. σκύβαλο-ν,⁵ ferner in got. *flôdu-s* ahd. *fluod* an. *flôd* u. *flocd* as. ags. afr. *flôd* gegenüber skr. *plu*, *plavate* gr.

---

1) L. Meyer Gr. lat. declin. s. 33, erkennt secundäres *rant* auch in einigen griechischen adverbien auf ως.

2) So fiel altes *t* ab in III. pl. perf. ind. und pot. z. b. *bérun*, *bêreina*. Die voc. *talzjand*, *frijond*, *fráujinônd* scheinen eine ausnahme zu machen; vermutlich ist aber der voc. und gen. sg. nach analogie der themen auf -*a* gebildet.

3) Auch *a-vat* (*a-va*) hätte *ô* mittels *â* werden können, da jenes aus einer verstümmelung zweier silben entstandene *ô* eben so wenig verkürzt wurde, als das in *salbô* aus *salbaja*. Möglicher weise wurde *a-rant* zunächst *a-vô* (vgl. *namô* aus *gnamant*) und weiter *ô*.

4) Grimm in Pf. Germ. I. 485.

5) Fick s. 207.

ἀλώF-ω altlat. *per-plovēre* ags. *flovan*,[1] endlich im pron. der II. pers., im reflexivpron., in as. *sēola* ahd. *sēula* fries. *sēle* an. *sál* gegenüber got. *sáivala* ags. *sávol*, u. a. Wir sind demnach wol berechtigt, die germanische adverbialendung *á* auf älteres *ava* zurückzuführen; ihr *v* fiel aus, wie das *j* in der sog. II. sw. conjug., und wie in dieser wurde *a + a* zu *á*.

Ich darf hier jedoch nicht eine andere möglichkeit der erklärung verschweigen. Im skr. sind instrumentalformen erhalten, welche vor dem suffix *á* ein *j* einschieben,[2] namentlich in themen auf *u*, seltener bei denen auf *a*, aber sogar bei solchen auf *au*, und in fast allen fällen haben diese formen keine speciell instrumentale, sondern eine adverbiale bedeutung. Von themen auf *a* z. b. *ásayá, ṛtayá, naktayá, vamáyá, svapnayá*,[3] zu denen sich noch andere finden. Einschub eines *j* ist im zend häufig, im griechischen finden sich spuren. Ich trage kein bedenken, gr. *νίχα*[4] jenem *naktayá* gleich zu stellen (vgl. *νίχιο-ς* aus *νύκτιο-ς*, wol vermittelt durch *νίξιο-ς*). Im got. entstünde dann *ó* aus *ajá*, *aja* wie *salbô* aus *salbaja*. Die vermutung, daß das *ô* dieser abgeleiteten verba auf altes *aya* zurückführe,[5] scheint mir unbegründet. So gehört *fiskôn* zu *fiska-*, *galeikôn* zu *galeika-* u. s. w. Zum großen teil sind diese verba denominativa; skr. *dhûmáyati* z. b., welches in dieselbe kategorie gehört, ist durch suffix *ya* aus *dhûmá* gebildet und zeigt allerdings dehnung des stammauslautes. Allein namentlich in den veden finden sich viele beispiele, wo *a* bleibt, z. b. *sumnay* v. *sumna*, *parṇay* v. *parṇa*, und in den hierher gehörigen *adhvary*,

---

1) Fick s. 130, L. Meyer G. spr. 338.
2) Benfey Gramm. s. 298. anm. 3.
3) Man beachte den anomalen accent.
4) *νύχα-νύκτωρ* bei Hesych.
5) L. Meyer G. spr. 457.

prtany ist der auslaut sogar eingebüßt. Zuweilen zeigt die sanhitâ-schreibweise *d*, wo der padatext *a* hat;[1] in gr. ναιετάω, ναιετάουσιν (Od. IX, 21. 23), ἀϝοιδιάει (Od. X, 227) ist das *a* kurz. Wie also *fiskô* aus *fiskaja*, so dürfen wir auch unser -*ô* aus *ajd*, *aja* entstehen lassen. Indessen der mangel eines sicheren beispiels spricht dagegen, und ansprechender ist es, das adverbiale *ô* auf *avant* zurückzuführen (sämmtlichen adverbien auf *ô* liegen *a*-stämme zu grunde). Die weitere untersuchung wird die nähere begründung geben.

Ich wende mich nun zu den adverbien auf -*ba*. 'Der Gote bildet adverbien auf -*aba*, -*uba*, denen nichts in den anderen dialekten entspricht.'[2] Hat man auch erkannt, daß nicht *aba*, sondern nur ein an den stamm des adj. tretendes *ba* solche adverbien bildet, so ist es den neueren forschungen doch nicht gelungen, auch nur eine solche bildung in den anderen deutschen dialekten nachzuweisen. Grimm[3] hält *aba* für die got. adverbialform, indem er *iba* aus *jaba*, *uba* aus *vaba* entstehen läßt. Ich führe zunächst die betreffenden got. adverbien auf.

1) *aba*: *abraba* (st. *abra*), *áinfalþaba* (st. *falþa*), *azétaba* (st. *azéta*), *baírhtaba* (st. *baírhta*), *baítraba* (st. *baítra*), *balþaba* (st. *balþa), *frôdaba* (st. *frôda*), *gabaúrjaba* (st. *baúrja), *gabigaba* (st. *gabiga*), *gaséhaba* (st. *féha), *gagudaba* (st. *guda*), *raihtaba* (st. *raihta*), *garédaba* (st. *réda), *gatilaba* (st. *tila*), *háuhaba* (st. *háuha*), *hvassaba* (st. *hvassa), *mikilaba* (st. *mikila*), *sunjaba* (st. *sunja*), *sviknaba* (st. *svikna*), *svikunþaba* (st. *kunþa*), *triggvaba* (st. *triggva*), *ubilaba* (st. *ubila*), *unfaírinôdaba* (st. *faírinôda), *ungatassaba* (st. *tassa*), *unsahtaba* (st. *sahta), *vairþaba* und *unvaírþaba* (st. *vaírþa*), *veihaba* (st. *veiha*).

---

1) Benfey Gramm. §. 226.
2) Grimm II. 184.
3) III. 109 ff.

2) *iba*: *analáugniba* (st. *laugnja*), *andáugiba* (st. *áugja), *arniba* (st. *arnja), *gatêmiba* (st. *têmja), *unanasiuniba* (st. *siunja*), *usstiuriba* (st. *stiurja).

3) *uba*: *agluba* (st. *aglu*), *harduba* (st. *hardu*), *manvuba* (st. *manvu*).

Endlich erwähne ich noch, daß neben *glaggvuba* auch *glaggvaba* vorkommt (s. w. u.) und neben *harduba* II Kor. 13, 10. cod. A. *hardaba*. Daß von *sunja* nicht *suniba*, von *gabaúrja* nicht *gabaúriba* gebildet wird, analog den übrigen adverbien, welche zu den mit suffix *ja* gebildeten adjectiven gehören, hat seinen grund darin, daß sie kurze geschloßene stammsilbe haben, nach welcher *j* consonant ist, während die anderen lange geschloßene stammsilbe zeigen, nach der es vocal ist,[1] in folge dessen *a* ausgedrängt wurde, vgl. den nom. sg. *sunja* neben *bandi*.

Betrachtet man die obigen wörter, so sieht man überall als adverbialsuffix nur *ba;* *a, u* und *i* gehören zum stamm.[2] Grimm bemerkt[3]: 'Das *aba* zu erklären scheint schwierig. Eine casusendung ist es nicht, soweit die denkmäler unsrer sprache reichen; man müste also über ihre grenzen hinaus in den stammverwanten sprachen suchen. Das got. *bi* ahd. *pi, pa* ist ... aus einem älteren *aba, abi* entsprungen. Diesem *aba, abi* ... entspricht das skr. *abhi* an, bei, gr. ἐπί, dessen zusammenhang mit flexionen des dativs, instrumentalis und localis scharfsinnig nachgewiesen ist. Hauptsächlich zeigt sich zwar die flexion B im lat. und ind. dat. pl., aber auch in dem sg. *tibi, sibi* (den localpartikeln *ibi, ubi*) und *tubhyam*. Es wäre nicht unmöglich, daß in dem adv. *raihtaba* ein längst erloschener casus fortdauerte,

---

1) Holtzmann Ad. gram. s. 39.
2) Schmeller Münch. gel. anz. 1846. s. 930 f.
3) III. s. 110.

das, die postposition in die praeposition aufgelöst, durch *bi raihtamma* erläutert werden dürfte.[1] Die letzte bemerkung dürfen wir übergehen; sie entspringt aus der voraussetzung, daß die oben besprochene praep. in zusammenhang mit dem in *tibi, tubhyam* erscheinenden casussuffixe stehe.[2] Ich bemerke nur, daß sich als grundsprachliche form derselben nur *abhi* (und *ambhi*) nachweisen läßt. Das auslautende *a* erscheint nur im ahd., namentlich als praefix, 'wo der übrige lautcomplex leicht anomale änderungen herbeiführen konnte;'[3] allerdings auch als praep., z. b. *pa diu daʒ* (Graff III. 12), doch ist darauf kein gewicht zu legen, da sich auch sonst zuweilen *a* statt *i* und *î* findet, z. b. auch *umba* neben *umbi* und *umbe*, *bidencha* statt *bidenchi* u. a.

Der vermutung, daß *ba* mit lat. *bī* in *ibī, ubī, alibī, mihī* zusammenhange, ist mehrfach zugestimmt worden.[4] Neuerdings hat Scherer sie zu begründen versucht. Er erkennt in dem *ba* der got. adverbien eine grundform *bhaja*[5] d. h. das indogermanische casussuffix, welches 'weder dem dativ, noch instrumentalis, noch ablativ ausschließlich zugeeignet werden kann.' Eine andere form des *ba* soll *bai* in

---

1) Weiter sagt er aber: 'Diese gewagte vermutung berechtigt uns noch nicht, das got. *aba* unter die casusadverbien zu rechnen; wir müßen dabei stehen bleiben, es für eine dunkle ableitung zu halten.'

2) Auch Schleicher (s. 563) äußert diese vermutung; aber nach skr. *abhitas* (zu beiden seiten) zu urteilen, gehört *abhi* zum zahlwort *abha* beide (P. W. I. 328). Vergleicht man skr. *abhi* mit gr. ἀμφί, so ist der einschub eines nasals unerklärlich, wenn *abhi* eine form wäre, wie Schleicher annimmt. Gehört aber *abhi* zu *abha*, so fällt diese schwierigkeit hinweg, da neben *abha* ein grundsprl. *ambha* bestand; vgl. *bi*. Es ist jedoch möglich, daß die partikel *abhi* (locat. v. *abha* —) zur casusbildung verwant worden sei.

3) Benfey Gött. gel. anz. 1848 s. 70.

4) Höfer, Zs. für d. wißensch. der sprache II. 205. Vgl. auch L. Meyer G. spr. 68. 69. 377.

5) s. 278, vgl. s. 461.

ibai, jabai sein. Beide aber kommen durch Ficks erklärung von *ibai* gar nicht mehr in betracht (vgl. *ibai*), und wir müßen bei *ba* stehen bleiben. Ist die form *bhaja* als grundsprachliches suffix mit sicherheit nachzuweisen, so wäre jene ansicht sehr zu berücksichtigen, obgleich selbst dann noch sich bedenken dagegen erheben laßen. Ich bezweifle jedoch sehr, daß das möglich ist. Denn die wenigen zendischen formen, welche Scherer anführt, können nichts beweisen, da, abgesehen von den eigentümlichen vocalischen verhältnissen der sprache des avesta, wir nicht übersehen dürfen, daß in den veden sehr oft nicht *bhya*, *bhyas*, sondern *bhia*, *bhias* zu lesen ist,[1] und diese formen auch wol für die indogermanische grundsprache aufzustellen sind. Dürfen wir annehmen, daß dieses *i* zuweilen guniert werden konnte, so ergibt sich unter dieser voraussetzung für das zend. *bya*, älter *bia*, ein *baća*, welches dann zur vermeidung des hiatus zu *baya*, *bôya*, weiter zu *vaya*, *vôya* wurde. Sollte hier der ausdruck guna verfehlt sein, da davon eigentlich nur die rede sein kann, wo eine wirkung des accents vorliegt, so sage man lieber, die gruppe *by* wurde durch den einschub eines dem folgenden vocale gleichen lautes zu *bay* gespalten, was zendich sehr wol möglich ist. Die lat. dative *nobeis*, *vobeis* sind vermutlich aus -*biems, -*biēs entstanden,[2] wofür *sit*, älter *scit* aus *siēt* eine schlagende analogie ist. Eben so ist altlat. *mihei*, *tibei*, *sibei* (umbr. -*hĕ*, -*fĕ*, osk. -*fei*) zu erklären. Daß in den ksl. *tebĕ*, *sebĕ* das fragliche suffix stecke, bestreitet Schleicher,[3] und seine bemerkung, daß dieses im slavodeutschen sein *bh* stets zu *m* wandle, gibt einerseits einen neuen grund gegen Scherers

---

1) Benfey Einl. zu Sâmaveda s. I,III.
2) Schleicher §§. 51. 261 s. 569. Das *ei* ist wol nur graphische bezeichnung eines in der aussprache nach *ê* sich hinneigenden *i*.
3) s. 629.

ansicht, andrerseits macht sie auch die apreuß. formen *tebbei*
(*tebbe*), *sebbei* verdächtig.

Wir sehen also, daß ein grdsprl. suffix *bhaja* sich nicht
mit so großer sicherheit nachweisen läßt, daß man berechtigt wäre, das got. *ba* darauf zurückzuführen; nur *bhja* läßt
sich nachweisen, das aber got. nicht zu *ba* werden konnte.
Weiter hat man in *ba* das gr. φή, φῆ (*ut*, wie) vermutet [1] und mit diesem die skr. ableitungssilbe *bha* gr. φό-ς,
die zugleich als verkleinerungssilbe dient, verglichen; deren
wurzel soll *bha* (lucere) sein. Der erste teil dieser ansicht würde in sich zerfallen, wenn φή = got. *svē* wäre.[2]
φή ist aber gewis nicht von lit. *bà*, preuß. *ba*, *be*, ksl. *bo*,
got. *ba* (s. dieses) zu trennen,[3] und sie führen uns etwa
auf die in φημί enthaltene wurzel *bha*. Dennoch kann das
got. adverbiale *ba* nicht gleich φή sein, denn eine solche
partikel würde sich nicht mit dem stamm des adjectivs,
sondern nur mit einer flectierten form verbunden haben.
Ein secundäres suffix *bha* aber im got. zu suchen, ist sehr
bedenklich, da es sehr selten ist. Im got. läßt es sich nicht
mit sicherheit nachweisen (*vistubni*, *fastubni* u. a. sind zu
unsicher); im griech. ist es sehr selten,[4] eben so im skr.;
im lit. darf man es vielleicht in *ral-ýbas*, *aukst-ýbas*, *vél-
ýbas*[5] suchen. Uebrigens ist es mir nicht gelungen, auch
nur ein beispiel aufzufinden, welches den grdsprl. gebrauch
desselben nachwiese, und somit ist auch diese ansicht nicht
haltbar.

Dieser letzte grund fällt allerdings gegenüber der von
Bopp[6] geäußerten ansicht hinweg, daß das got. *ba* sich auf

---

1) Schmeller a. a. o.
2) Curtius s. 366.
3) Fick s. 138. 589.
4) L. Meyer, Vgl. gramm. II. 627.
5) Schleicher Lit. gramm. 128.
6) III. 485.

skr. *pa* in *apa, upa, pratipa, samipa*, lat. *pc* in *prope, nempe, quippe, saepe* stützen könne. Allein abgesehen von andrem [1] gehören *pratipa, samipa* überhaupt nicht hierher, vgl. das Pet. Wb., und das von der seltenheit des suffixes *bha* gesagte gilt auch hier.

Laßen sich so gegen alle diese bisher geäußerten ansichten bedenken erheben, so wird es erlaubt sein, eine neue aufzustellen oder vielmehr eine alte, fast vergeßene wider in erinnerung zu bringen.

Ich habe versucht, das *ô* der got. adverbien auf älteres *-a-va(nt)* zurückzuführen; dürfen wir nun im got. einen übergang von *v* zu *b* annehmen, so entspricht auch *ba* jenem suffix *vant*.[2] Es kommt daher zunächst darauf an, diesen übergang wahrscheinlich zu machen.

Im skr. ist der wechsel von *v* und *b* nicht selten; ich erinnere an *vṛ* neben *br*, *vṛm̃h* und *bṛm̃h*, *vadh* und *badh*, *van* und *ban*. Daß urspr. *v* zend. *v, w, b, p* entspricht, ist bekannt;[3] auch wird *b* zu *v*.[4] Eben so ist altir. *b* = grdsprl. *v*.[5] Im griech. steht skr. *var* βόλομαι gegenüber;[6] im lat. ist *bubile* aus *bovile* entstanden.[7] Im letto-slav. kann ich diesen übergang nicht nachweisen, wenn nicht ksl. *tebe, sebe* = lit. *tavęs, savęs* ist.

1) Vgl. Schweizer-Sidler Zs. III. 391.
2) Bopp II. 201.
3) Schleicher s. 192.
4) Justi s. 364. §. 100.
5) Schleicher s. 276.
6) Weiteres bei Curtius s. 533 — 539.
7) Weiteres bei Corssen Beitr. s. 165, nachtr. s. 180 f. *ferbui* aus *fervui* kommt hier nicht in betracht, da *v* durch den vorhergehenden consonanten gedeckt ist. In dieser weise läßt sich der wechsel von *v* und *b* schon grdsprl. nachweisen, vgl. skr. *kharba* neben *kharva*, gr. κολοβό-ς neben κύλος für κόλϝυ-ς, κολούω für κολϝόjω (Fick s. 205).

Ehe ich mich nun zum got. wende, hebe ich nur noch hervor, daß suff. *vant* und *mant* sehr nahe zusammengehören,[1] und berührungen von *b* und *m*, *m* und *v* feststehen: *m* = grdsprl. *bh* im suff. des dat. plur., *u* = *m* in 1. optat. und im imperat. medii, in *ahtau* grdspr. *aktam*. L. Meyer[2] denkt bei den substantiven *vitubnja-*, *fastubnja-*, *fráistubnja-*, *valdufnja-*, *rundufnja-*[3] daran, daß *bn* mit dem aus vollerem *vant* verstümmelten *van*, daß *bl* in *dáupublja* mit skr. *vala, vara*, lat. *bili* und weiter mit *van* zusammenhange. Dieses wird sich jedoch schwerlich beweisen laßen. Ein sicheres beispiel für den übergang von *v* zu *b* bietet der got. text in *Silbanus* dem gr. Σιλουανός lat. *Silvanus* gegenüber (II Kor. 1, 19. II Thess. 1, 1). Dieser analogie gemäß ist formell auch die zusammenstellung von *silba* mit skr. *sarva* gr. ὅλϝο-[4] unbedenklich. Wenn aber hier *v* durch den vorhergehenden vocal gedeckt ist, so ist das nicht der fall in dem *Naúbaímbaír* des got. kalenders (erhalten in cod. Ambr. A.) gegenüber dem lat. *Novembris*. Ein weiteres beispiel bietet der got. text nicht, wol aber zeigen den übergang von *v* zu *b* und *b* zu *v* die gotischen eigennamen.

'Got. *b* im anfange des wortes ohne schwankung, und daher wird got. *balþs*, wovon Jornandes die schwache form *balpa* gibt, wie in unserem *bald* ausgesprochen worden sein,

---

1) Vgl. skr. *arvan* u. *arvant* lat. *armentum* gr. ἅρματ-; und weiter für den wechsel von *v* und *m* skr. *gatvan* gr. βαϑμό-ς; skr. *srutvan* gr. ῥυϑμό-ς; zend. *peretu* lat. *portu-s* gr. πορϑμό-ς (Benfey Kl. gramm. s. 211); übergang von *m* zu *v* findet sich grdsprl. in *vasi* (I. dual) aus *masi* (I. plur.), vgl. Benfey Ueber einige pluralbildungen des ig. verbum, s. 5.
2) G. spr. 70.
3) In den beiden letzten ist *f* durch einfluß des *n* aus *b* entstanden, vgl. Holtzmann s. 33.
4) L. Meyer G. spr. 68.

so auch in *Ansbald*, *Hildibald*, *Undibald*, *Uzdibald*, *Amalaberga*. Aber in der mitte des wortes hatte es festen bestand nur, wenn ein consonant vorhergeht, wie in *Albila*, oder folgt, wie in *Silja* bei Cassiodor.... Dagegen in der mitte des wortes zwischen vocalen kann es durch den sie naturgemäß begleitenden hauch den weicheren laut annehmen, der unserem *w* und dem lat. *v* nahe kommt, so in *Luvirit* bei Cassiodor (*lubjaréth* oder *lubairéth*), in *Liuva* bei Isid. Hisp. statt *Liuba*, in *Livviguldis* der span. münzen, bei Jornandes in (*h*)*Ercliera* und in *Vale-ravanis*; jüngere westgotische namen haben selbst *Silva*, *Selva* und statt *Reciberga* (646) *Reciverga*.'[1]

Sehen wir so, daß got. *b* zu *v* wurde, so wurde auch umgekehrt *v* zu *b*. Ammianus Marcellinus, ein zeitgenoße des Ulfilas, schreibt *Bellovaedius* für *Villo-véd*, *Bitherid* für *Vithcréd*, *Balchobaudes* für *Valhabauda*.[2] 'Den urkundlichen schreibungen der namen zufolge hatte das got. *v*, wenigstens in der zeit nach Ulfilas, eine doppelte aussprache im anlaute der wörter eine mit vollerem munde und vorgeschlagenem *u* ertönende, wie im engl. *wonder*, *winter* und bereits im ags., auch im ahd. *uuuntar*, *uuintar* nach Otfrids bekannter erklärung, und daneben eine weichere aussprache gleich unserem *w* und dem lat. *v* im inlaut der wörter zwischen vocalen.'[3] Nun erscheinen aber in den westgotischen concilienacten sogar schreibungen wie *Ubitaricus* statt *Uuitaricus*, eben so *Ubidericus*, *Ubinibal* statt *Winibald*, *Ubenedarius* für *Wenedarius*, *Ubadamirus* neben *Vradamirus*.[4]

---

1) Dietrich Ausspr. des got. s. 71.
2) Dietrich a. a. o. s. 56.
3) Dietrich a. a. o. s. 77.
4) Dietrich s. 79.

An eigennamen also, die freilich oft ihren eigenen gesetzen folgen und, wenn sie fremdwörter sind, oft schon in verstümmelter gestalt überliefert wurden, laßen sich diese übergänge hinreichend nachweisen; ein anderes strictes beispiel für den angenommenen lautwechsel aber aufzufinden, ist mir weder im gotischen noch in den deutschen dialekten gelungen.[1] Dennoch glaube ich bei meiner ansicht (*ba* = *vant*) beharren zu dürfen, denn für sie spricht *glaggvaba* neben *glaggvô*, *andáugiba* neben *andáugjô*, die am wahrscheinlichsten auf gemeinsamer grundform beruhen. Auch sprechen für sie einige fälle, wo gotischen adverbien auf *ba* genau entsprechende bildungen mit dem secundär-suffix *rant* in den verwanten sprachen gegenüber stehen, nemlich *agluba*, *garêdaba*, *glaggvaba*, *sunjaba*.

agluba = gr. ἀχλυόϝεντ-; *agluba δυσκόλως* schwer, schwerlich, mit mühe, abgeleitet von *aglu* schwer, welches, durch suffix *lu* (vgl. skr. *bhilu* = *bhiru*) gebildet, zu der in got. *agan*, *agla*- skr. *aṅgh* gr. ἄγχω lat. *ango* ksl. *ąz-ą* bewahrten wurzel *agh*[2] gehört. Die ursprüngliche bedeutung von *aglu* war 'beengend, ängstigend' (vgl. ags. *cgl* f. kralle, spitze). Das griech. ἀχλυόεις = ἀχλυόϝεντ finster, trübe ist von ἀχλυ- abgeleitet, wie ἰχθυόϝεντ v. ἰχθύ-, ὀξυόϝεντ- von ὀξύ-, ὀφρυόϝεντ- von ὀφρῦ-.[3] ἀχλύς 'dunkel' wird bei

---

1) Ich vermute ihn im germ. *bôban* (Fick s. 818) an. *bôfi* mhd. *buobe*, das vielleicht zu skr. *bharant* gr. φώς führt. In diesen hat das prägnant gebrauchte partic. eine gute, im germ. eine üble bedeutung erhalten. Uebergang von *b* zu *v* zeigt an. *nĝra* ahd. *nioro*, stamm *niuran* gr. *νεφρό-ς*, lat. *nefron-es* (Fick s. 784) und germ. *bauna* lat. *faba* ksl. *bobŭ* (Fick s. 379. 807). Im an. steht z. b. in *sæfar* statt *sæva* *f* für *v*, vgl. Holtzmann s. 128.

2) L. Meyer G. spr. 29; Fick s. 4.

3) Das vor dem digamma erscheinende *o*, das sich auch hinter stamm-auslautendem *i* findet, z. b. μητιόϝειτ v. μῆτι — ist sicher nicht euphonisch eingeschoben; *v* und *ι* sind wahrscheinlich aus *va* und *ja* verstümmelt, und diese vollere form hat sich hier erhalten.

Homer sowol vom todesdunkel, als auch von dem von einer
gottheit über die augen verbreiteten und am sehen hindernden
nebel, dann überhaupt in der bedeutung finsternis
gebraucht.[1] Als ursprüngliche bedeutung darf man auch
ihm 'beengend, ängstigend' geben und es mit ἀχλύω zu der
wurzel *agh* stellen. ἀχλύ-ς ist = *aglu-s* und eben so
agluba = ἀχλνόϝεντ.

ga - rêdaba = skr. *rádhávant*. *garêdaba* (Röm. 13, 13)
εὐσχημόνως ehrbar, von einem *(*ga-*)*rêda-*. Dieses
gehört mit *rêdan* zu skr. *râdh*, zend. *rád*, grdsprl. *rádh*
geraten, beraten, günstig sein, günstig stimmen, gewinnen.[2]
Dem skr. *rádhávant* reich lege ich einen stamm *rádha* wolwollend, woltätig, freigebig zu grunde, vgl. zend. *rádha*
eheherr, herr (nach der tradition: geber[3]), lit. *rods* adv.
willig, gern, ksl. *radŭ* angenehm, froh, willig. Das lange
á in *rádhávant* erklärt sich durch die vor suff. *vant* und
mant häufige dehnung des stamm-auslautenden *a*,[4] vgl.
açvávánt, amarávati. Eben so gut kann aber auch *rádha*
= *rádhas* (vgl. an. *rád*, rat, hilfe, gewinn) zu grunde liegen;
doch ist das erste jedesfalls zuläßig, und wir dürfen dem
got. *garêda* als ursprüngliche bedeutung 'woltätig, wolwollend' geben, woraus dann gut, trefflich, anständig wurde.
Demnach ergibt sich (*ga-*) *rêdaba* = *rádhávant; aba* gegenüber *ávant* ist analog *balram* skr. *bharámas*.

glaggvaba, *glaggvuba* = skr. *gharvavant*. *glaggvaba*
ἐπιμελῶς (Luk. 15, 8), *glaggvuba* ἀκριβῶς (Luk. 1, 3) sorgfältig, genau. Das ursprüngliche thema ist *glauva*; ahd.
entspricht *glau*, *clau* flec. *clauwêr*,[5] klug, erfahren, deutlich,

---

1) Pape Gr. Wb. I. 379.
2) Fick s. 167.
3) Justi s. 256.
4) Benfey Gramm. s. 239.
5) Holtzmann s. 329.

ags. *glcáv* as. *glau* (nom. pl. *glauwe*, gen. *glauworó*) gewitzt, klug, weise, an. *glöggr* genau, deutlich. Gotisch steht also *ggv = vv*;[1] aus *glauca* ward, durch einfluß des vorhergehenden *v, a* zu *u*, so daß *glauvu* entstand (*glaggvuba*). *glauva* hatte ursprünglich die bedeutung 'hell, heiter, scharfsichtig; es wird aber nicht nur von den augen gebraucht, sondern auch von dem heiteren himmel. Luther in der randglose bei Daniel 10, 6 erklärt *gluu* durch hell, klar, poliert.'[2] Überhaupt von heller, weißer farbe gebraucht und auf die graue harfarbe des alters angewant, bekommt es die bedeutung 'erfahren' = grau.[3] Die ursprüngliche form und bedeutung, sowie der mangel der lautverschiebung verbietet, *glaggva* zu skr. *laksch* (aus *glaksch*) und griech. βλέπειν (aus γλέπειν)[4] zu stellen oder es mit gr. γλαυ-κό-ς zu vergleichen.[5] Ich stelle es zu skr. *ghar* leuchten, brennen, glühen, wozu gr. χαρ-οπό-ς funkelnd, χλεμερό-ς warm, lit. *ẽer-iù* glänzen, as. ahd. *glimo* gehört.[6] *glaggva* zeigt also metathese des radicalen *r*, welche anzunehmen gr. χλεμε-ρό-ς as. *glimo* gegenüber skr. *gharma* berechtigt. Wie schon oben bemerkt, geht im gotischen grdsprl. *m* zuweilen in *v* über,[7] also konnte ein ursprüng-

---

1) Grimm Gesch. 297; Holtzmann s. 42.
2) Brem. Wb. s. v.
3) Eben so wird mhd. *grâ* und sein synonymum *gris* für verständig gebraucht.
4) L. Meyer G. spr. 28.
5) Curtius s. 168.
6) Fick s. 69. Mit diesem grdsprl. *ghar* ist die von Fick (s. 68) aufgestellte wurzel *ghar* altern, greisen ursprünglich sicher identisch, womit wir die enge zusammengehörigkeit von ahd. *cráwêr* und *clawêr* erreichen.
7) Got. *ahtau* entspricht skr. *ashṭan, ashṭau*. Grundform scheint mir zunächst *aktam* zu sein, vgl. lat. *septem, novem, decem*. Dieses wurde zu *aktav, aktau*, wie *aktama* skr. *ashṭama* zu gr. ὀγδοϜό-ς lat. *octávu-s*. Das lat. zeigt vor *v* in -*ávo*- dehnung, und so erklärt sich ὄκτω wol aus *actáv*, älter *aktâm* = skr. *ashṭau*. Vgl. ahd. *ahtôwen* dat. pl. bei Notker (Graff I. 138). Ist das richtig, so ist das suffix der ordi-

liches *gharma* durch metathese zu *glama*, weiter zu *glava* werden. Diesem entspricht skr. *gharma* glut, wärme, ursprünglich wol das leuchtende, helle, neben dem aber auch das aus ihm entstandene *gharva* in *gharvavant* glut besitzend, vorkommt. In *háubida-* lat. *caput*, *áugan* lat. *oculu-s* ist altes *a* durch einfluß eines folgenden *v* zu *áu* geworden, und eben so konnte auch aus *glava* ein *gláuva* entstehen. Demnach entspricht got. *glaggvaba* = *gláuvaba* skr. *gharvavant*. *sunjaba* = skr. *satyavant*. *sunjaba ἀληθῶς* (I Thess. 2, 13) ist von dem thema *sunja-* abgeleitet, für welches einbuße eines inlautenden *t*-lautes feststeht durch ags. as. *sóđ* an. *sannr* und *sađr* ahd. *sand*.[1] Demnach ist für *sunja* als ursprüngliche form *suntja* grdsprl. *santja* anzunehmen.[2] Darauf führen auch skr. *satya* zend. *haithya* gr. *ἐτεό-ς* für *σετεό-ς*, die von *sant*,[3] part. praes. von *as* sein, mit der prägnanten bedeutung 'existierend, wirklich, wahrhaft' abgeleitet sind, wie das skr. fem. *sati* = *santyâ*. Wie *sunja* = *sunþja* skr. *satya* ist, so ist *sunjaba* = skr. *satyavant* wahrhaft.

So bietet sich auch für die adverbien auf *ba* eine ausreichende erklärung, wenn wir sie wie das germanische *d*

---

nalien wahrscheinlich nicht *ma*, sondern *a* (vgl. Schleicher s. 493), und das alte *m* hat sich in skr. *ashṭama*, zend. *astema* lit. *ászma-s* preuß. *asmu-s* erhalten; *octávus* erklärt sich aus *aktáma*, gr. *ὀγδοός* aus *ὀγδοϝό-ς*, wobei freilich das *γδ* dunkel ist (vgl. Curtius s. 488).

1) K. Hofmann in Pf. Germ. VIII. 3; L. Meyer G. spr. 164; Fick s. 194; vgl. *sibun* skr. *saptan* lat. *septem*.

2) Die zusammenstellung von *sunja* mit dem hierher gehörigen ahd. *ki-sunt*, sowie *suona*, *suana* und skr. *sarana* (Pictet Zs. V. 39) ist unstatthaft, denn *sarana* opfer, reinigung gehört zu *su* zeugen, was damit zusammenhängt, daß der Inder die bereitung des bei dem opfer eine große rolle spielenden somatrankes mit dem process der zeugung verglich. Die bedeutung 'reinigung' ist nur abgeleitet.

3) *sant* = ahd. *sand* (Otfr. II. 4. 16. vgl. Hotzmann s. 120) skr. *sant* zend. *haňṯ* gr. *ὄντ-* und *ἐτ-* (in *ἐτάζω*), lat. *sent* in *absent* u. a. Fick s. 194.

auf das secundärsuffix *vant* zurückführen. Dieses entstand aus *a-vant* durch einbuße des *v*, jenes durch verhärtung des *v* zu *b*, welcher letztere process nur im got. stattfand und aus dem bestreben entsprang, die ursprüngliche form möglichst zu bewahren. Im folgenden laße ich nun die etymologie der einzelnen adverbien, zunächt der auf *ô* folgen.

aftarô ὄπισθεν, ὀπίσω von hinten, nach hinten. Zu grunde liegt ein them *apa-tara*[1] (*apa* vgl. *af*). Das auslautende *a* in *apa* ward wie das in *jainþrô* eingebüßt und *pt* zu *ft* vgl. *hafta-*, lat. *captu-s*.

aljaþrô ἀλλαχόθεν, ἀπών anderswoher, abwesend (= anderswohin), von einem stamm *aljatara-*; *alja* = gr. ἄλλο- lat. *aliu-s*, kelt. *aile* (kymr. *all*).[2] Sie sind gewis identisch mit skr. zend. *anya* apers. *aniya*,[3] indem *n* zu *r* wurde;[4] es erþielt sich in gr. ἔνιοι got. *anþar* = lat. *alter*. *anja* ist vermutlich weniger comparativ des pronominalstammes *ana*,[5] als zusammensetzung der pron. stämme *ana* und *ja*.[6] Der stamm *aljaþra* ist = skr. *anyatra*.

allaþrô πανταχόθεν, παντόθεν, vom thema *allatara*- gebildet. Die zusammenstellung von *alla-* mit skr. *sarva* gr. ὅλο-ς aus ὅλϝο-ς[7] ist wegen der dann erfolgten einbuße

---

1) *a* in suff. *tara* ward eingebüßt wie in lit. *antra-s*, *katra-s*.
2) Ebel Beitr. II. 159.
3) Dagegen Corssen Beitr. s. 295; vgl. Bugge Zs. XX. 49. Fick (s. 343) bemerkt: 'vielleicht steht europ. *alja alius* zum arischen *arya* genoße wie ksl. *drugŭ alius* zum identischen *drugŭ* = lit. *drauga-s* genoße.' So ansprechend diese vermutung auch ist, so ist eine trennung von arischem *anya* und europ. **arja*, *alja* doch nicht zuläßig, dagegen spricht das armen. *ayl*.
4) Ueber den übergang von *n* zu *r* vgl. Benfey Gött. gel. anz. 1852. nr. 55. s. 551 ff. und Über einige pluralbildungen des indogerm. verbum. Gött. 1867. s. 15. 21 ff.
5) Benfey II. 50; vgl. Kuhn Beitr. I. 267 ff.
6) Benfey Ueb. einige pluralbild. s. 10.
7) Benfey I. 420; vgl. Grimm in Haupt Zs. VIII. 385. Kuhn Zs. I. 516.

des *s* sehr bedenklich; *ll* ist durch assimilation aus *ln* entstanden,[1] (vgl. *vulla* skr. *úrṇá*) und *alla-* ist alte participialbildung durch suffix *na* von der in got. *alan* aufwachsen, um sich greifen, *aljan* aufziehen, lat. *alĕrc* nähren, *olēre* wachsen erhaltenen wurzel *ar*,[2] ursprünglich: erwachsen, bedeutend. Nahe verwant sind *alþa-*, *ala-* (vgl. *alakjô*) ir. *uile* kymr. *oll*.[3] *dalaþrô* (Joh. 8, 23 *jus us þáim dalaþrô sijuþ ὑμεῖς ἐκ τῶν κάτω ἐστέ*) von unten. *dalaþrô* und alle folgenden sind mit suffix *tara* gebildet. *dala* = gr. θόλο-ς ksl. *dolŭ* tiefe, grube skr. *dhára* tiefe.[4] *faírraþrô* von ferne. *faírra-* ist auch erhalten in *faírra* 1) adv. fern 2) praep. c. dat. weg, fort, von. *faírra* ist = lat. *porrô* gr. πόῤῥω. Diese zusammengehörigkeit verbietet *porrô* und πόῤῥω aus πόρσω entstehen zu laßen.[5] Der übergang von *s* zu *r* findet im *got.* nur in *us* statt, wenn es vor anlautendem *r* steht, aber in keinem einzigen fall wird *rs* zu *rr*. πρόσω und πόρσω ist, wie ich glaube, ganz von πόῤῥω zu trennen; die bedeutungsgleichheit beweist nicht ihre identität. Ich führe πόῤῥω, *porrô* und *faírra* auf eine grundform *parara* zurück[6] d. h. auf einen compar. v. *para* (vgl. skr. *para*[7] gr. πέρᾱ), von welchem sich ein getreues bild in skr. *párá* findet mit den bedeutungen u. a. das äußerste, letzte ziel, jenseitiges ufer. *párá* kann ein

---

1) L. Meyer G. spr. 284.
2) Fick s. 13. 342.
3) Ebel Beitr. II. 177.
4) Fick s. 102.
5) Corssen Beitr. s. 402. Curtius s. 267. Über *porrô* vgl. Pott Etym. forsch. I². 272.
6) Fick s. 795.
7) Die herleitung des wortes *para* und seiner verwanten von *apa* (Benfey Gloss. zur chrestom. s. 182) ist mir sehr bedenklich; wahrscheinlich gehört es zu ig. *par* durchdringen, hinübergelangen (Fick s. 118).

parará zu grunde liegen, welches in folge der betonung das mittlere *a* einbüßte; zwei *r* aber dürfen im skr. nicht zusammen treffen, sondern eines wird eingebüßt und der vorhergehende kurze vocal gedehnt. So entstand *párá* [1] aus *parará*, wozu *paramá* der superlativ ist. *fairra, porró* und *πόῤῥω* sind ablative dieses *parara*.

hvaþrô *πόθεν* von woher; *hva* = skr. *ka*, gr. *πο-*, lat. *quo* lit. *ka* (*hvaþra* = skr. *kutra*).

innaþrô *ἔσωθεν* von innen her, inwendig. *inna-*, von dem mehrere adverbiale wörter gebildet sind, ist wahrscheinlich nicht = lat. *endo*, so wenig wie dieses = gr. *ἔσω* oder *εἴσω* ist.[2] *ἔσω*, homer. *εἴσω* steht für *ἔνσω* und ist 'aus *ἐν* in derselben weise fortgebildet, wie *πρόσω* aus *πρό*.'[3] Wäre *inna* = *endo* (*do* = gr. *δε* oder *θα?*), so wäre im got. *nn* durch assimilation von *n* und einem *t*-laute, also *t* oder *d* entstanden. Diese ist aber sonst nicht nachzuweisen und gegen diese annahme muß auch das bedenklich machen, daß *inna-* sich auch in den deutschen dialekten findet, und im an. z. b. *nd* nur selten, *nt*, so viel ich weiß, nie zu *nn* wird. Ich vermute, daß der pronominalstamm *ana* (dazu gr. *ἐνί* lat. *in* got. *in*) durch secundäres *na* erweitert wurde (vgl. ahd. *danne* aus *danani*, *anne* und *anno* neben *ana*), also *anana* entstand, welches inlautendes *a* einbüßte, wie in *áinnôhun* aus *áinan-d-hun*. An diesen stamm *anna, inna* trat das suff. *tara*.

iupaþrô *ἄνωθεν* von oben, von oben her. *iupa-*, wozu auch *iup, iupa, iupana* ist jedesfalls nahe mit *uf* verwant,[4] aber die vergleichung des verhältnisses von lat.

---

1) Von diesem *pára* ist jedoch das masc. *pára* das übersetzen, überschiffen — zu trennen; dieses entstand wol direct aus der wurzel *par*, mit dehnung des radicalen *a*.
2) L. Meyer G. spr. 205. 351.
3) Curtius s. 289; *πρόσω* aus *πρότjο-* vgl. Curtius s. 267.
4) Diefenbach I. 98. L. Meyer G. spr. 59.

sub zu *super* genügt nicht, wenn man die deutschen dialekte berücksichtigt. Dem got. *iup* entspricht an. *upp*, as. *ags. up*, ahd. *úf*, und *iupa* wird durch an. *uppi* as. *uppa* ags. *uppe* reflectiert. Da im as. und ags. die vereinfachung auslautender geminierter consonanz regel ist, und sich auch im ahd. formen mit doppeltem *f* finden (z. b. *uffa, uffi*[1]), so wird man germanisches *uppa* zu grunde legen dürfen. Im got. ist die verbindung *pp* nicht beliebt; sie findet sich nur im fremdworte *Filippus* und einmal in *vippja* (Joh. 19, 2) statt *vipja*, wol durch das folgende *j* bewirkt.[2] Ein *p* ward eingebüßt und das durch position lange *u*, zugleich unter dem einfluß des accentes, zu *ú*; dieses hielt sich im ahd., welches denselben process vornahm, während es im got. zu *iu* wurde (vgl. *giuta* neben *lūka*). Die übrigen deutschen dialekte behielten *u*, welches, da sich *pp* hielt, keinen veränderungen unterworfen war.[3] Dieses *uppa* entstand vermutlich aus *upa-pa; upa* = skr. *upa*. gr. ὑπό got. *uf, pa* = lat. *pe* in *prope*;[4] das auslautende *a* in *upa* wurde eingebüßt; das fehlen der lautverschiebung ist dadurch erklärlich, daß ein *p* das andere schützte.

jaiṅþrô ἐκεῖθεν von dort, von da. Zu got. *jaina*- gehört an. *enn, en, et*,[5] ahd. *jěnêr (gěnêr)* und, da die einbuße eines anlautenden *j* im ahd. nicht zu bezweifeln ist, auch *ênêr*. Demnach ist *jaína* zu schreiben. Für die kürze spricht auch die einbuße des stammauslautenden *a* in *jaínþrô*,

---

1) Graff I. 170; möglicher weise ist das aber fehlerhafte schreibung.
2) Holtzmann s. 32.
3) Mit unrecht schreibt Holtzmann s. 158 as. *úp*; die gemination wurde allerdings im auslaute vereinfacht, der vocal aber war einer veränderung nicht unterworfen.
4) L. Meyer G. spr. 59.
5) So die älteste form, vgl. Wimmer An. gramm. s. 77.

jaindrê neben sonstiger bewahrung desselben in hierher gehörigen wörtern.[1] Zu grunde liegt also ein *jina*, und demnach kann *jaina* nicht aus *ja-áina* entstanden sein,[2] noch aus *jana*, in welchem dem *a* sich ein *i* beimischte.[3] Die trennung *j-ina*[4] ist unbegründet, da sich ein unorganischer zusatz von *j* im got. nicht findet. *jaina* erinnert in seiner bedeutung allerdings sehr an grdsprl. *ana* jener,[5] aber schwerlich wird man es deshalb aus *ja-ana* entstehen laßen dürfen,[6] aus dem sich germanisches *jána* ergeben würde. Wie *ana* eine zusammensetzung von *a* und *na* ist, so entstand *jina* aus *ja + na*,[7] *ja* der demonstrative pronominalstamm *ja*. Dieses *jana* wurde durch einfluß des *j* zu *jina* (vgl. lit. *ji-s*, gr. ἵνα, got. *harji-s* aus *harja-s*). Der Grund der brechung im got. ist sowol hier, wie in anderen fällen unklar.

þaþrô ἐντεῦθεν, ἔπειτα von da, darauf.[8] Zu grunde liegt der pronominalstamm *ta* skr. *ta*, gr. το, lat. *te* in *is-te*, lit. *ta*.[9]

utaþrô ἔξωθεν 1) adv. von außen her (Mark. 7, 18). 2) praeposit. c. gen. außerhalb (Mark. 7, 15). Zu grunde

---

1) Holtzmann s. 11.
2) L. Meyer Zs. VI. 13. G. spr. 493.
3) Bopp. II. 193.
4) Kuhn Zs. V. 396.
5) Ein grdsprl. *ana* dieser läßt sich nicht mit genügender sicherheit nachweisen (vgl. Scherer s. 231): die bedeutung 'jener' kommt wol der ursprünglichen am nächsten, vgl. Benfey Üb. einige pluralbild. s. 9.
6) Scherer s. 382.
7) Über *na* vgl. Fick s. 106.
8) Heyne in seinem trefflichen glossar zu Ulfilas führt *þaþrô* nicht auf, sondern bemerkt unter *þaþróh*: '*þaþrô* Gal. 2, 1. cod. B.' *þaþróh* ist = *þaþrô-uh*; *þaþrô* kommt aber auch sonst noch selbständig vor; vgl. Gabelentz u. Löbe Wb. s. 82.
9) Fick s. 73.

liegt ein stamm *uta-*, wozu auch *ut, uta, utana* gehören. Ob diese langes *u* haben,[1] zweifle ich. Allerdings entspricht got. *ut* an. ags. as. afries. *út*, ahd. *úz* aber skr. *ud*, zend. *uç*, *uz*, und der kurze vocal findet sich auch in an. *utan* von außen her, *utar* hinaus, dem compar. *ytri (exterior)* und dem superl. *yztr (extremus)*. Die dem got. vocal gegebene länge ist daher wol in frage zu stellen.

-*leikô* in *aljaleikô ἄλλως, analeikô* ähnlich, *anparleikô ἑτέρως, galeikô ἴσα, lapaleikó ἥδιστα, samaleikó ὁμοίως, κατὰ ταὐτά, vairaleikó viriliter*. Das ihm zu grunde liegende *leika-* ist von *leika* (leib) nicht zu trennen, und weder hat dieses mit skr. *deha*,[2] noch jenes mit skr. *drça* prâkr. *risa* etwas zu tun.[3] *leika* (leib) ist identisch mit skr. *linga* u. a. ‚kennzeichen, abzeichen, merkmal'.[4] *alja* ist bereits oben besprochen; über *ana, ga* und *sama*[5] s. w. u.

anparleika- entstand aus *anparaleika-*, indem *anpara* den stammauslaut einbüßte; dieß hängt vermutlich damit zusammen, daß der nom. sg. dieselbe form zeigt, wie die themen auf *þar* z. b *brôþar*. *anpara* = skr. *antara* lit. *antra-s* ist wahrscheinlich durch das comparativsuffix *tara* aus dem pronominalstamm *ana* gebildet.[6]

lapaleika-[7] = *lapa-leika-*; *lapa* gehört wol nicht zu *laþôn* einladen, berufen, sondern entspricht genau skr.

1) Holtzmann s. 9; Fick s. 701.
2) Bopp Gr. I. 29, Gloss. 193; Schweizer Zs. I. 562.
3) Benfey I. 226, Bopp. II. 237.
4) Ausführlich dargelegt v. J. Schmidt Zur gesch. des ig. vocalismus s. 89 ff.
5) *sama* ist sicher kein adverb., sondern thema, und *samaleika* eben so ein compos. wie *lapa-leika*, *raira-leika*, vgl. Scherer s. 369.
6) Fick s. 8.
7) nur II. Kor. 12, 15. cod. A, der am rande auch das *gabaúrjaba* des cod. B bietet.

rata liebend, erfreuend. sich behagend. geliebt gr. ἐ-ρα-τό-ς.[1]

vairaleika-; *vaira*- = ahd. as. *wēr*, an. ags. *rer*, lit. *výra-s*, lat. *riro*-, skr. *vîra*.[2]

alakjô insgesammt, zusammen, von *alakja*-, dessen suffix -*kja* eine verbindung von *ka* und *ja* scheint;[3] *ka* steht verstärkend, wie in skr. *ekaka*. *ala* ist nahe mit *alla*- verwant, mit welchem gleichbedeutend es in mehreren compositionen erscheint[4] (*alabrunsti*-, *alamannan*-, *alaþarban*-).

allandjô (I. Thess. 5, 23) *per omnia*, in jeder beziehung, vollständig. Zu grunde liegt *allandja*- = *alla*-*andja*- (*andja* ende);[5] *alla* büßte stammauslautendes *a* vermutlich wegen des folgenden gleichen lautes ein. *andja*- = skr. *antya* ist durch secundäres *ja* von *anta* (ende) abgeleitet, und dieses ist vermutlich eine verbindung eines *ana* = gr. ἀνά[6] und des pronominalstammes *ta*.

gahâhjô (Luk. 1, 3) καθεξῆς zusammenhangend; *gahâhja*- gehört zu *hâhan*[7] skr. *çaṅk* hangen und bangen (*çakuna* m. vogel) gr. κοχεύω heben, schweben machen, lat. *conct-ari*.[8]

---

1) Fick s. 164; hierher gehört wol auch ahd. *unlad* gl. Ker. (Graff II. 166.)
2) Fick s. 191.
3) L. Meyer G. spr. 21.
4) Fick stellt (s. 13) drei ig. wurzeln *ar* auf, die aber genau genommen identisch sind; durch die dritte (ein-, anfügen) vermittelt sich *ala*- mit gr. ἀρι-, skr. *aram* (L. Meyer G. spr. 283). Jedesfalls gehört es näher zu *alla*-, als zu diesen. ahd. *alluka* (*omnino*, Graff I. 223) ist ebenfalls nahe mit *alakjô* verwant, aber nicht identisch.
5) L. Meyer G. spr. 300.
6) Or. u. Occ. II. 565.
7) Über die länge des *a* vgl. Holtzmann s. 3.
8) Fick s. 28.

— 36 —

iudaíviskô (Gal. 2, 14) *ιουδαϊκώς* v. *iudaíviska -* (vgl. *barniska -* v. *barna -*).

missô gegenseitig, wechselseitig.[1] Von ihm ist hinsichtlich der etymologie das präfix *missa* (*missadêdi -*, *missaleika -*, *missaquissi -*, *missatáujan*), unser *mis -* nicht zu trennen. Beide beruhen auf einem im ahd. erhaltenen adj. *missa -*.[2] Es liegt die vermutung nahe, daß *ss* aus *st* oder *tt* entstand,[3] und *missa -*, älter *mitta -* vergleicht sich skr. *mithas* zusammen, gegenseitig, wechselsweise, abwechselnd, *mithatyá* abwechselnd, wetteifernd, *mithu* falsch, verkehrt, ksl. *mitč*, *mitusŭ* abwechselnd, wechselseits.[4] Sie gehören zu ig. *mit* wechseln, tauschen; hierher gehört vielleicht auch gr. *μετά* got. *miþ* (vgl. skr. *mith* sich zu jemand gesellen, zend. *mit̞* verbinden), wenn diese nicht anlautendes *s* eingebüßt haben.[5] *missa -* entstand vermutlich aus *mitata*, vgl. skr. *mithatyá*,[6] und während *missó* auf *mittavant* zurückgeht, ist *missa* wol aus älterem *missá* entstanden.

sinteinô *παντότε*, *ἀεί* allenthalben, immer, von *sinteina -* täglich.[7] Das got. *sinistan -*, burgund. *sinistus* an.

---

1) Es steht fast immer neben einem pron. pers. oder possess. (Gal. 6, 2), doch auch allein (Gal. 5, 26) und übersetzt *ἀλλήλων* oder *ἑαυτῶν*.

2) Otfr. V. 25. 80 *sus missemo múate sint úbile joh gúate;* cod. F zeigt dazu den nom. pl. *misse.*

3) Grimm II. 470. III. 516.

4) Diefenbach II. 76; L. Meyer Zs. IV. 406, G. spr. 178; Fick s. 154. Vgl. auch kelt. *mi -* präfix, Ebel Beitr. II, 78. 176.

5) Dieß ist eine vermutung Benfeys, aber nicht im Sâmavedagloss. ausgesprochen (vgl. Curtius s. 197); demnach läge der pronominalstamm *sama* zu grunde.

6) Die verwanten worte verbieten, an einen zusammenhang von *missa* mit lat. *mediu - s* skr. *madhya* zu denken (Benfey II. 30).

7) II Kor. 11, 28. *seiteina.*

sî-, as. ags. ahd. *sin-* führt auf ein thema *sina*[1] = skr. *sana* zend. *hana* gr. ἕνο-ς, lit. *séna-s*, altkelt. *seno* (altir. *sen* w. *hen*) in *Seno-magus* vgl. lat. *senecs*.[2] Das thema *sina* zeigt in den angeführten wörtern der deutschen dialekte die bedeutung 'immer', in got. *sinistan* (vgl. auch *sineiga*) die 'alt'; das verhältnis ist also ganz gerade so, wie das von skr. *sana* alt zu *sanâ* immer, *sanaj* ewig, lat. *semper*.[3] Die bedeutung 'alt' ist wol die ursprünglichere, daraus wurde 'beständig, ewig.' Das grundsprachliche *sana* hängt vielleicht mit *san*, *sâ* gewähren, würdigen, gewährt werden, würdig sein zusammen.[4] Was *sinteina-* betrifft, so wird man in *-teina-* schwerlich skr. *dina* tag suchen dürfen;[5] wie lat. *diutinu-s* von skr. *divá-tana* nicht zu trennen ist, so gehören auch got. *sinteina-* und skr. *sanâ-tana* eng zusammen. Allerdings steht got. *-teina-* skr. *tana* gegenüber, aber dasselbe verhältnis zeigt das lat. *matutīnu-s* neben *diutīnu-s*, *crastīnu-s*, und im lat. wie got. entstand das *î* vielleicht durch den einfluß eines eingebüßten suffixalen *j*; *t* entspricht skr. *t* wie in *hveita* skr. *çveta*, *bairats* grdsprl. *bharatvas*.

sniumundô μετὰ σπουδῆς; mit *sniumundós* und *sniumjan* eilen schließt es sich an *snivan* eilen, gehen, kommen, das zu skr. *snu* fließen, gr. νέω (für σνέϝω)

---

1) ahd. *sint* in *sintvluot*, *sintwâc* 'diluvium' auf *sinta*.
2) Stockes Beitr. IV. 402; Curtius s. 290; Fick s. 194.
3) Kuhn Zs. II. 129. 463. IV. 45.
4) Fick s. 194; sollte nicht lat. *sentire*, got. *sandjan* auch dazu gehören? dann müste die jener wurzel gegebene bedeutung etwa in: vorwärts gehen, sich bewegen nach etwas — geändert werden. Die verschiedenen bedeutungen der dazu gehörigen wörter laßen sich leicht daraus ableiten, zum teil leichter, als ohne das möglich ist. Im ahd. *sintvluot*, *sintwâc* und in *sinwel* (*rotundus* = *wel*) tritt der begriff einer räumlichen ausdehnung zu tage.
5) Schweizer Zs. II. 367.

schwimme, *νάω* (für *σνάϜω*) fließe gehört und in seiner ablautsreihe *sniva, snau, snévum, snivans* wie die griechischen wörter auf die gunierte wurzel *snau* [1] hinweist. In *sniumunda* - steckt sicher das alte suffix *mant*, [2] welches durch *a* vermehrt wurde.

spráutô ταχέως schnell, bald, ohne zögern. *spráutó* [3] gehört zu unserem sprießen, ahd. *spriozan*, [4] und dieses gehört wol zu an. *spretta* aufspringen, ksl. *prądają* springen. [5] Grundform ist *sprand*, indem der inlautende nasal vocalisiert wurde, wie in as. *thiustri* gegenüber skr. *tamisram* dunkel. [6] Dieß erscheint mir richtiger, als die zusammenstellung von *spráutó* mit skr. *sphuṭ* [7] aufbrechen, falls dieses nicht auch zu den obigen wörtern gehört.

sundrô scorsim abgesondert, allein, besonders. [8] Zu grunde liegt *sundra* = *svana-tara* [9] (vgl. *jainprô*). Die erste silbe reflectiert den meist reflexix gebrauchten pronominalstamm *sva*, mit einbuße des *v* (vgl. *seina, sis, sik*); daran trat zunächst suff. *na*, weiter das comparativische

---

1) Fick s. 214, 911; L. Meyer G. spr. 170.
2) Bühler Zs. IX. 236; L. Meyer G. spr. 138.
3) Hier erscheint vereinzelt die consonantenverbindung *spr* im anlaute.
4) Diefenbach II. 298.
5) Fick s. 916.
6) Kuhn Zs. XV. 239; J. Schmidt Zur gesch. des ig. vocalism. s. 166 ff.
7) L. Meyer G. spr. 56; das angezogene σπέρχεσθαι gehört wol eher zu skr. *spṛh* und ἐκ-φλυνδάνειν (ib. 91) eher zu skr. *phal* (Curtius s. 184. 282).
8) Diefenbach II. 289; L. Meyer G. spr. 133. 338; Fick s. 896.
9) Holtzmann (s. 30) vermutet in *jaindré* und *sundró* das *d* als euphonischen einschub. In *jaindré* u. w. u. ist das sehr unwahrscheinlich und in *sundró* unbegründet.

tara, und *sundra* bedeutet demnach ursprünglich 'nur für sich, ohne rücksicht auf das andere.'[1]

þiubjô λάθρα, ἐν κρυπτῷ heimlich, im verborgenen, von *þiubja- (vgl. þiubja- n. diebstahl, und þiuba- m. dieb). Ich stelle þiuba- zu skr. *tam-as* finsternis, lit. *tam-sà* f. dunkelheit, *tamsù-s* dunkel, ags. *þimm* dunkel, skr. *tam* ersticken, betäubt, ohnmächtig werden,[2] indem ich es auf eine alte causalbildung durch *p* (dunkel machen, verbergen) zurückführe.[3] Das *m* wurde gerade so wie in dem zu derselben wurzel gehörigen as. *thiustri* (grundform *tamstra*) vocalisiert; *b* entspricht altem *p* wie in *haubida* lat. *caput*.

þiudisků ἐθνικῶς (Gal. 2, 14) heidnisch; *þiudiska- (vgl. *iudaïviskô*) von þiuda- f. volk abgeleitet, welchem osk. *tauta* f. gemeinde, altir. *tuad*, *túath* volk, lett. *tauta* f. volk entspricht.[4] Sie gehören zu skr. *tu* macht, geltung haben, got. *(ana-, ga-) þivan*.[5]

ufarô *superne* häufig als praep. c. gen. u. dat gebraucht. Mit *ufar* (s. d.) gehört es zu *uf*.

uftô ἴσως, nur Matt. 27, 64; an anderen stellen erscheint gleichbedeutend[6] *aúftô*. *uftô* scheint die ursprüngliche form zu sein; in *aúftô* liegt brechung des *u* vor.[7]

---

1) Daß *sonder* aus *sva-antar* entstanden sei (Benfey II. 49), ist weniger wahrscheinlich. Über die spätere verwendung des wortes als praepos. vgl. Grimm III. 260.
2) Fick s. 77.
3) L. Meyer (G. spr. 507) vermutet, daß das *u* in þiuba durch rücktritt eines alten *v* entstand, in folge dessen es sich unmittelbar zu skr. *takram* dieb stellen würde. Eine andere ansicht äußert Benfey (I. 660), welche mir jedoch unannehmbar scheint.
4) Diefenbach II. 705 ff., L. Meyer G. spr. 123, Fick s. 365.
5) Fick s. 81.
6) Außer ἴσως übersetzt es τάχα, πάντως.
7) In den deutschen dialekten fehlt ein entsprechendes wort; mhd. *oht* (Diefenbach I. 64) gehört nicht hierher (vgl. Müller Mhd. Wb. I. 412).

Das zu grunde liegende *ufta*- ist identisch mit lat. *aptu-s*; beide gehören zu skr. *áp* erreichen, treffen, dem gegenüber *ap-nas* ertrag, besitz, *apnasvant* einträglich, lat. *op-s, opulentu-s, ap-iscor*, gr. ἄφενος [1] kurzes *a* zeigen. *apta* bezeichnet das, was man erreicht, was einem zufällt, das zufällige.[2] Hierbei ist zu berücksichtgen, daß zu der wurzel *áp* got. *ibna*- ἴσος gehört, *aúftô* aber ἴσως ausdrückt. Ist diese ansicht richtig, so ist *áufto* undenkbar, *aúftô* neben *uftô* allein zu rechtfertigen. Der grund der brechung ist allerdings auch hier unklar; *ufta*- neben *ibna*- vergleicht sich hinsichtlich der consonanten *hafta*- neben *haban*.

uhteigô eúxaíρως zu rechter zeit; es findet sich nur II. Tim. 4, 2 cod. A, während cod. B. *ôhteigô* zeigt. In demselben verse findet sich in beiden handschriften *un-uhteigô áxaíρως*. Zu grunde liegt *uhteiga*- zeit habend; nahe verwant sind *uhtiuga* zeit habend, *uhtvôn*- morgenzeit. Es findet sich allerdings im got. mehrfach *ô* statt des organischen *u*;[3] wenn man aber bedenkt, daß cod. B öfters ältere sprachformen als cod. A zeigt, und das fehlen der brechung des *u* zu *aú* berücksichtigt, so wird man dazu gedrängt, anlautendes *ó* für das ältere zu erklären, aus welchem *u* erst später entstand. Ist das richtig, so ist die vermutung unbegründet, daß in den obigen wörtern das *u* lang sei.[4] Das fehlen der brechung erklärt sich durch die

---

1) Curtius s. 464.
2) Analog ist lat. *forte* zufällig, vielleicht, abl. von *fors* das, was sich zuträgt, zufall, ungefähr, zu *bhar*, lat. *fer-o* tragen (Corssen Beitr. 195).
3) L. Meyer G. spr. 434.
4) Holtzmann s. 9, vgl. Bopp I. 106; die deutschen dialekte sind nicht entscheidend. Das *ó* in an. *ótta* kann got. *u, ú* oder *ó* entsprechen; ahd. erscheint *uohte* und *uhte*, ersteres nur bei Notker, der aber sowol altes *ū* als auch *u* vor *h* zu *uo* verwandelt (Holtzmann s. 236. 247; Weinhold Alem. gramm. s. 72), *uhte* nur ps. trev. 461

entstehung des *u* aus *ó*, wie in *uhtédun* für *óhtédun* (Mark. 11, 32). Der ursprüngliche anlaut war demnach *â*, und dieß spricht gegen die annahme einer verwantschaft unsrer wörter mit got. *bi-úhta-* gewohnt, ig. *uk* gewohnt sein.[1] Sie gehören vielmehr zu skr. *aktu* salbe, lichte farbe, licht, strahl und dunkle farbe, dunkel, nacht, gr. ἀκτί-ς strahl,[2] wurzel *ang* (skr. *añj*) salben, blank machen;[3] den deutschen wörtern liegt wol ein *anhta* zu grunde (vgl. allemann. *anko, ancho* m. butter),[4] aus dem *óhteiga-* abgeleitet wurde, wie *vitôdeiga-* aus *vitôda-*. Das *ei* entstand vermutlich auch hier durch suffixales *j*.

undaró praep. c. dat. ὑποκάτω unter, von *undara-* vgl. *undar*.

unvêniggô αἰφνιδίως unerwartet, plötzlich (I. Thess. 5, 3); *vênigga-* ist aus *véni-* oder (*us-*) *vênan-* gebildet,[5] welche zu skr. *van* bitten, lieben, wünschen, zend. *van* lieben, schützen, lat. *vener-ari*, ksl. *un-ją, un-iti* wollen, wünschen — gehören.[6]

usdáudô σπουδαίως eifrig, inständig von *usdáuda-*. Die vermutung, daß dieses mit einbuße eines anlautenden *s* zu lat. *stud-iu-m* skr. *tund* sich beeifern gehöre,[7] ist sehr bedenklich, da abgesehen von anderem[8] die einbuße eines

---

und in *uhto-sterno* (Graff I. 139); as. *úhta* (Holtzmann s. 143) ist nur nach got. *úhtvó* angenommen; ags. *uhte* spricht nicht gegen got. *ú*.
1) Fick s. 701.
2) L. Meyer, Zs. VI. 4. Seine zusammenstellung mit lat. *ótiu-m*, für welches er entstehung aus *octiu-m* vermutet (G. spr. 94) ist mir sehr bedenklich, vgl. Corssen Beitr. 17, Fick s. 345.
3) Fick s. 6.
4) Fick a. a. o.
5) Über das suffix vgl. L. Meyer G. spr. 37.
6) Fick s. 180. 866, L. Meyer G. spr. 443, Schweizer Zs. XVIII. 307.
7) L. Meyer G. spr. 115.
8) *st* in lat. *studeo* steht wohl für *sp*, vgl. Curtius s. 649, Fick s. 501.

anlautenden s im got. nicht mit sicherheit zu beweisen ist. In den zusammengehörigen *dáuba-*, *dumba-*, *afdôbnan*,[1] *afdumbnan* hat sie nicht statt gefunden, da sie weniger zu skr. *stambh*, *stubh*,[2] als zu *dabh* und gr. τυφλό-ς gehören.[3] Eben so ist *drigkan* nicht mit gr. στραγγίζειν heraus drücken, herauspressen,[4] dessen wurzel im ahd. *strang, strangi, strengi* reflectiert wirt, verwant, sondern gehört zu skr. *dhraj* ziehen.[5] *dáuda-* gehört zu skr. *dhú* schütteln, rasch hin und her bewegen (gr. θέω sich rasch bewegen [6]) oder noch beßer zu dem durch redupl. entstandenen skr. *dudh* (vgl. *dudhi, dudhra*).

unsindô (Philem. 16) μάλιστα besonders, vornehmlich; *us-*sinda-* gehört mit *sinþa-*, *sandjan* [7] zu lat. *sent-ire*, ksl. *sęšti*, ahd. *sinnan* [8] und bedeutet ursprünglich: hervortretend.

vitôdeigô νομίμως gesetzmäßig, recht; adv. zu einem aus *vitôda-* gebildeten **vitôdeiga-*; *vitôda-* scheint durch suffix *ta* von einem verbum *vitôn* gebildet zu sein,[9] vgl. *vitan* ig *vid*.[10]

arvjô δωρεάν umsonst, unentgeltlich, ohne ursache. Zu grunde liegt **arvja-*, aus dem man auf älteres *arva-* schließen darf. Es entspricht zend. *aurva* behende, schnell, reisig, as. *aru* an. *örr* fertig, bereit, ags. *earu* schnell, rüstig, reisig.[11] Dem got. **arva* darf man demnach die

---

1) Mit unrecht läugnet Holtzmann (s. 16) *afdöbnan*.
2) L. Meyer a. a. o.
3) J. Schmidt Z. gesch. des ig. vocal. s. 172.
4) L. Meyer a. a. o.
5) Fick s. 778.
6) Grimm Vorr. zu Schulzes got. Wb., vgl. Diefenbach II. 615, Fick s. 103.
7) L. Meyer G. spr. 161, Diefenbach II. 210.
8) Fick s. 401. 887. 893.
9) L. Meyer G. spr. 459.
10) Fick s. 189.
11) Fick s. 16.

bedeutung: bereit, weiter: bereitwillig,[1] freiwillig geben, woraus sich die oben angegebenen bedeutungen entwickelten. Verwant sind auch ahd. *arawun* und *arawingun* frustra, incassum.[2] Zu erwähnen sind noch *andáugjô* und *glaggvô;* über deren etymologie vgl. *andáugiba* und *glaggvaba.* — *þridjô* ist nicht adverb,[3] wenigstens nicht in derselben weise, wie die adverbien auf *ó*, sondern acc. sg. neutr., und an den beiden stellen, wo es vorkommt (II. Kor. 12, 14. 13, 1) mit nachfolgendem *þata* nachahmung des gr. τρίτον τοῦτο.

ufjô (II. Kor. 9, 1 *ufjô mis ist du méljan izvis περισσόν μοί ἐστιν* u. s. w.) ist vermutlich nicht adverb, sondern nom. sg. eines schwachen fem. *ufjô*,[4] das eng mit *uf* zusammenhängt.[5]

Was *hveilóhun* betrifft (Gal. 2, 5 *ni hveilóhun* nicht eine stunde), so ist es = *hveilô-hun* und *hveilô* acc. sg. des fem. *hveila*,[6] dessen alte länge sich vor dem suffixalen *hun* wie in *áinumméhun, áinóhun* erhielt.

Ich wende mich nun zu den adverbien auf *ba*, indem ich nur noch einmal hervorhebe, daß sämtliche adverbien auf *ó* sich an themen auf *a* anschließen.

abraba σφόδρα stark, sehr; *abra-* ist durch suff. *ra* (vgl. *baítra, akra*) aus einer wurzel *abh* gebildet, wozu skr.

---

1) Vgl. mhd. *bereit, bereite* bereit und bereitwillig (Müller Mhd. Wb. II. 1. 670); vgl. auch an. *örr* in der bedeutung freigebig, Möbius An. gloss. s. 326.

2) Graff I. 429.

3) Heyne gloss. z. Ulfil.; Schulze goth. Wb.

4) Grimm in Haupt Zs. III. 149.

5) L. Meyer (G. spr. 300) hält es für adv. eines adj. *ufja*.

6) Über dessen etym. vgl. Corssen Beitr. s. 50, Fick s. 738; καιρός und skr. *kâla* gehören nicht dazu (vgl. L. Meyer G. spr. 41, Fick s. 41).

— 44 —

ambhas n. gewalt, furchtbarkeit, *ambhrṇa* gewaltig, stark, gr. ὄμβριμο-ς, ὄβριμο-ς, gehören.[1]

áinfalþaba einfältig; *áinfalþa-* = *áina-falþa-*. *falþa* gehört nicht zu lat. *plec* in *sim-plec-*, *multi-plec-*, *plicāre*, *plectere* und gr. πλέκειν,[2] da der ausfall eines *h* in ihm nicht zu beweisen ist;[3] ihm entspricht ahd. *falt* in *zwifalt*, *drifalt* u. s. w. Sie sind aber schwerlich aus *karta* entstanden,[4] da das zu grunde liegende *palta* durch gr. πλάσιο- in διπλάσιο-ς, τριπλάσιο-ς, wo es durch suffix *ja* erweitert ist, reflectiert wird.[5] Eben so entspricht got. *fla-* in *tveifla-s* ahd. *-fal*, lat. *plu* in *du-plu-s*, gr. πλο- in ἁ-πλό-ς. Sie gehören vermutlich mit gr. πόρο-ς fahrt, ahd. *far* zu ig. *par* u. a. fahren,[6] wodurch die begriffliche übereinstimmung mit got. *áinamma sinþa* einmal, *tváim sinþam* zweimal u. s. w. erreicht wird.[7]

azêtaba ἡδέως leicht, gern (II. Kor. 11, 19), von *azéta-* leicht, das nur im compar. *azétizô* (Mark. 10, 25 *azitizo*) εὐκοπώτερον vorkommt. Dieses thema findet sich auch in *azétja-* (I. Tim. 5, 6). Ich vermute, daß das inlautende *é* aus *ei* entstand, wie öfters.[8] Dieses *ei* kann

---

1) L. Meyer G. spr. 64, Curtius s. 464, Fick s. 12. *abra* gehört nicht zu gr. ἄφενο-ς, ved. *abhva* (Schweizer in Höfer Zs. II. 108, Aufrecht Zs. II. 147), vgl. Curtius a. a. o. Verwant mit *abra-* sind ags. *abal*, *afol* an. *afl* stärke.
2) L. Meyer G. spr. 51. 71.
3) *plec-t-ere* hat seinen reflex in got. *flahta-* oder *flahtôn-* (I. Tim. 2, 9).
4) J. Schmidt Zs. XVI. 435.
5) Fick s. 373.
6) Fick s. 118.
7) *plec* allerdings in *du-plec* u. a. gehört zu der in *plec-t-o* enthaltenen wurzel (wie skr. *bhuji* in z. b. *çatabhuji* zu *bhuj* biegen). Was *áina* betrifft, so vgl. gr. οἰνή lat. ûnu-s, kelt. *oin*, *ṻen* u. s. w. (Benfey II. 45, Ebel Beitr. II. 164, Fick s. 344).
8) Über den übergang von *ei* zu *é* vgl. L. Meyer G. spr. 449. Ich hebe nur hervor *spêvands* für *speivands* (Mark. 7, 33), *skêrein*

aus *ja* entstanden sein (vgl. die part. *ci*), und damit kommen wir auf ein thema *asjata. as* ist — skr. *as*, zend. *anh* werfen; daraus wurde *asja* mit der bedeutung 'werfbar, leicht' gebildet, woran das secundäre suffix *ta* trat.[1]

bairhtaba λαμπρῶς hell, glänzend, offenbar v. *bairhta-*. Es gehört zu grdsprl. *bhrāg, bhrag* leuchten, wozu skr. *bhrâj*, gr. *φλέγ-ω*, lat. *flag-r-âre*, lit. *blizgù*, ag. *blican*,[2] und ist gebildet durch das suff. des part. praet. *ta*.

baítraba (Matth. 26, 75) *πικρῶς* bitter, bitterlich, v. *baitra*; diesem entspricht an. *bitr* (nicht *beitr*), as. *bittar*, ahd. *bittar, pittar*, ags. *biter, bittor*, und demnach ist das got. *ai* das gebrochene *i*,[3] wol durch das über den Dental hinaus wirkende *r* bewirkt.[4] *baitra* gehört zu skr. *bhid* lat. *findo, fid-i*.

balþaba ἐν παῤῥησίᾳ kühn, dreist, von *balþa* (vgl. an. *ballr* stark, kräftig, gewaltig, und got. *balþein* kühnheit). Es bieten sich für das wort mehrere etymologien. Die zusammenstellung mit lat. *forti-s* ist schon wegen des altlat. *forctu-s*[5] bedenklich, weiter aber steht dessen *f* wahrscheinlich für *dh*.[6] Dagegen kann man eine form *bharta* aufstellen, wodurch man entweder zu grdsprl. *bhar, bhur*[7] sich heftig bewegen, toben, wozu lat. *feru-s*[8] gehört, oder zu

---

(I. Kor. 14, 26) für *skeirein*, *miþþanê* für *miþþanei* (Luk. 2, 34). Eben so ist wahrscheinlich auch das *ê* in *fahêdi-, avêþju-* zu erklären.
 1) ags. *âde, eáde, êde, gde*, as. *ôdi*, ahd. *ôdi*, an. *aud-* gehören nicht hierher, sondern sind verwant mit got. *audaga*.
 2) Curtius s. 177, Fick s. 142. 814. L. Meyer G. spr. 47.
 3) Schleicher s. 153.
 4) Holtzmann s. 11.
 5) Corssen Beitr. s. 171.
 6) Curtius s. 241, Fick s. 89.
 7) Fick s. 140.
 8) Analog der entwicklung des begriffs tobend, wild zu tapfer, kühn, zuversichtlich ist die des franz. *fier (fierté)* lat. *feru-s*.

skr. *bhara* m. kampf, schlacht, lat. *fer-io* schlagen [1] kommt: doch spricht die in den anderen deutschen dialekten erscheinende bedeutung 'schnell'[2] mehr für die erste etymologie. Lautlich stimmt mit *balþa*- genau lit. *bálta-s* weiß überein,[3] allein der zusammenhang der beiden wörter ist nicht ganz klar.

fródaba φρονίμως v. *fróda*- klug, weise, verständig: es gehört zu lit. *próta-s* m. verstand, lat. *pret*- in *interpret*- m., skr. *paṭh* (für *parth*, *prath*) deuten, lesen.[4]

gabaúrjaba ἡδέως, ἥδιστα, von **ga-baúrja*- (vgl. *gabaúrjôþu-s* m. lust, wollust Luk. 8, 14). Da das wort *gabaurjaba*, nicht *gabauriba* lautet, so ist es klar, daß *aú* zu schreiben ist. *ga-baúrja* gehört zu *bairan* tragen;[5] vielleicht ist es von *gabaúra*- convivium festivum, comessatio abgeleitet.[6]

gabigaba πλουσίως reichlich (Kol. 3, 16), von *gabiga*- reich. Neben *gabiga*- erscheint auch *gabeiga*-, doch scheint jenes, nach dem an. *göfugr* 'vornehm' zu urteilen, die organische form zu sein.[7] Es gehört mit *gabein*- reichtum zu *giban* geben, in dem wahrscheinlich eine alte causalbildung von skr. *hâ* (*jaháti*) verlaßen, verlieren, aufgeben, vorliegt.[8]

---

1) Fick s. 135.
2) Vgl. auch das hierher gehörige an. *byrr* wind.
3) Grimm Gesch. 447.
4) Fick s. 128. 803; L. Meyer G. spr. 451.
5) Vgl. gr. συμφέρειν übereinkommen, einwilligen.
6) Schulze (Goth. Wb.) schreibt *gabaúrjaba* und eben so *gabaúrs*, das nichts mit *bairan* zu schaffen habe, sondern auf ein von *bauan* abzuleitendes *baurs* cubile zurückgehe. Das erste ist entschieden unrichtig, das zweite nicht zu beweisen; es ist nicht einzusehen, warum *gabaura*- von *bairan* zu trennen sei.
7) *ei* für *i* findet sich öfters, so in *usdreibeina* Mark. 9. 18 für *usdribeina*, *kunnei* Joh. 17, 23 für *kunni*.
8) Benfey Zs. VII. 58; L. Meyer (G. spr. 28) vermutet zusammenhang mit gr. κτῆσθαι, der aber sehr unwahrscheinlich ist.

gafêhaba εὐσχημόνως anständig (I. Thess. 4, 12), von einem mutmaßlichen *gafêha*-. Es gehört zu *fâhan*,[1] zend. ραις binden, skr. *pâça* band, feßel, lat. *pac-* vertrag, frieden, *pacisci*, *pángo*, gr. πήγνυμι.[2] Die entwicklung des begriffs wird nicht befremden, wenn man das ebenfalls hierzu gehörige mhd. *vuoge* vergleicht.

gagudaba (II. Tim. 3, 12) εὐσεβῶς fromm, gottesfürchtig, von *ga-guda*- fromm. *guda-* oder *guþa-*[3] gehört jedesfalls eher zu skr. *hu* zend. *zu* rufen, anrufen ksl. *zova*, *zvati* tönen oder zu skr. *hu* opfern,[4] als zu skr. *gudh* gr. κεύθω verbergen,[5] oder zu skr. *dyut* glänzen, woneben die formen *jyut*, *jut* und *yut* vorkommen,[6] da der übergang von *dj* in *g* im got. sich nicht nachweisen läßt.

garaihtaba und *raihtaba* ὀρθῶς, δικαίως, von *raihta* recht, gerade, eben, gerecht, welches mit (*uf-*)*rakjan*, lat. *rectu-s*, apers. *râçta* zu grdsprl. *arg*, skr. *arj* gr. ὀρέγ-νυμι lat. *reg-o* lit: *ražaú* gehört.[7]

gatilaba εὐκαίρως füglich, passend, von *ga-tila-* passend, tauglich (vgl. ags. *til* und die an. praep. *til ad*). Es gehört mit *tila-*, (*and-*) *tilôn* erzielen, erlangen (vgl. auch *un-tila- malska-* unbesonnen) zu skr. *dar* berücksichtigen, gr. ὑπό-δρα (immer mit ἰδών verbunden) von unten, von der seite, ags. *tilian* erzielen, ahd. *ziljan* gr. δόλο-ς lat. *dôlus* ahd. *zâla*.[8] *tila-* hatte dann ursprünglich die bedeu-

---

1) Über die länge des *a* vgl. Holtzmann s. 3.
2) Fick s. 788; L. Meyer G. spr. 364.
3) Beide stämme laßen sich nachweisen.
4) Benfey II. 64, Schweizer Zs. I. 157 ff., Fick s. 71.
5) Ebel Zs. V. 236.
6) L. Meyer Zs. VII. 14, Or. u. Occ. I. 619, G. spr. 27.
7) Fick s. 15.
8) Fick к. 88. 756; L. Meyer G. spr. 84 vergleicht gr. τέλος lat. *terminu-s*; noch andrer ansicht ist Curtius s. 218.

tung: auf etwas zielend, sich nach etwas richtend, dann tauglich. *háuhaba* hoch (Röm. 11, 20). Nach an. *hár* ahd. as. *hôh* ags. *heáh* fries. *hách* ist *háuha* zu schreiben,[1] das zu lit. *kauk-ara-s* m. hügel, anhöhe, ksl. *kukŭ* gewölbt, krumm, skr. *kuc* krümmen, sich zusammenziehen gehört.[2] Auch den Kaukasus hierauf zu beziehen,[3] ist nach den worten des Plinius: *Scythae (appellavere) . . . Caucasum montem Groucasim, hoc est nive candidum* (nat. hist. 17, 17) etwas bedenklich.

hvassaba (Tit. 1, 13) ἀποτόμως scharf, streng, von **hvassa-* (vgl. *hvassein-*, an. *hvass* ags. *hvǽs* ahd. *hwas*). Es gehört zu (*ga-*)*hvatjan*,[4] an. *hvetja* wetzen, schärfen, skr. *cud* antreiben, sich sputen.[5] *hvassa-* entstand demnach aus *hvat-ta*.

mikilaba (Phil. 4, 10) μεγάλως groß, sehr, von *mikila-* = gr. μεγαλό-ς.[6]

sviknaba ἁγνῶς rein, in lauterer absicht (Phil. 1, 17), von *svikna-* unschuldig, rein, keusch. Es gehört zu lat. *sac-er, sanc-tu-s, sanc-ire* gr. σάττω = σάκjω fest machen, stopfen, packen,[7] welche inlautendes *v* einbüßten.

---

1) Grimm I. 39.
2) Lottner Zs. XI. 190; Fick s. 512.
3) Förstemann Zs. XIX. 360.
4) Grimm II. 267; Diefenbach II. 601.
5) Fick s. 52. Andrer ansicht ist Aufrecht Zs. I. 363 ff., 472 ff., welchem ich jedoch nicht beistimme.
6) Fick s. 382; L. Meyer G. spr. 10.
7) L. Meyer G. spr. 11; Fick s. 502; s. 921 scheint Fick andrer ansicht zu sein, doch halte ich die obige für völlig genügend. Gegen die vermutung Bugges (Zs. XIX. 34), welcher in *sviknu-* und *svikunpa-* das skr. *su* zend. *hu* kelt. *su*, so sucht und *ikna* = gr. ἀγνύ-ς, grdform **jag-na* stellt (Benfey I. 435), spricht, daß dieses präfix im deutschen sonst nicht nachzuweisen ist, und *svikunpu* eine andere erklärung zuläßt.

Die grundbedeutung von *svikna*- scheint: fest, unantastbar, heilig, vgl. an. *sykna* f. sicherheit, *sykn* schuldlos, straffrei.

svikunþaba παρρησίᾳ, ῥητῶς offenbar, unverhohlen. deutlich, gerade heraus, von *svikunþa*- = *svékunþa*-. *svi* entstand aus *své* (vgl. o. *azitizô* neben *azétizô*), dem instrumental des reflexiven pronominalstammes *sva*; *kunþa* ist part. praet. zu *kunnan* zend. *zan*, *zâ* erkennen, lit. *žinaú* wißen.[1] *své-kunþa*- bedeutet ursprünglich: durch sich selbst, an und für sich gekannt, bekannt.

triggvaba treu, zuverläßig, von *triggva*-, dessen *ggv* für *vv* steht, vgl. ags. *trýve* ahd. as. *triuwi* fries. *triuwe* an. *tryggr*. Es gehört mit *traúan* und *tráustja*- vertrag, bündnis zu preuß. *druwi-s* m., *druwi* f. (acc. *druwie-n*) glaube, *druw-it* inf. glauben, *po-druwi-sna-n* und *na-druwisna-n* acc. sg. f. hoffnung.[2] Möglicher weise geht deren *d* auf grdsprl. *dh* zurück, und dann sind auch skr. *dhruva* beständig, sicher, gewis und *ni-dhruvi* beharrend, treu, zuverläßig zu berücksichtigen. *triggva* liegt ein *truva* zu grunde, und dieses stimmt so genau zu *dhruva*, daß hier wol der übergang von grdsprl. *dh* in *t* zu constatieren ist.[3] Vielleicht bewirkte das neben dem *t*-laute stehende *r* die störung der lautverschiebung; *t* = grdsprl. *dh* vergleicht sich *p* = grdsprl. *bh* in *greipan* skr. *grabh*.

ubilaba κακῶς übel, von *ubila*-. Mit skr. *abala* u. *ávila*[4] ist *ubila* nicht verwant. *ubila* hängt jedesfalls

---

1) Fick s. 56.
2) Diefenbach II. 678, Fick s. 527.
3) Kuhn Zs. VII. 62; Schleicher s. 321 anm., L. Meyer .G. spr. 29 (seiner erklärung von *triggva* kann ich jedoch nicht beitreten).
4) Bopp Gloss. s. 16 vergleicht *ubila*- zunächst mit *abala debilis*; das *b* steht wahrscheinlich für *v* (vgl. Fick s. 185), und wenn *bala*

nahe mit an. *illr* malus, zusammen;[1] aber es ist nicht mit ihm identisch; *illr* kann nicht aus *iflr* entstanden sein, da *i* = got. *u*, so viel ich weiß, sonst nicht vorkommt, und die schreibung *yllr* nicht nachgewiesen ist; auch wäre dieses das einzige beispiel für die entstehung von *ll* aus *fl*. Vermutlich entstand *ll*, wie so oft, aus *ld*; *illr*, *ill*, *ilt* (vgl. *illa* adv., *illa* schw. v. schlimm behandeln) liegt also ein thema *ilda* zu grunde, und dieß führt auf die in skr. *irya* kräftig, *irin* gewaltthätig, *irasy* (*irasyati* denom. v. *iras zorn) gr. ἔρις lat. *ir-a*, *ira-scor* ksl. *jar-ŭ* heftig, grimm, *jar-ją* (*jar-iti*) zürnen, erhaltene wurzel *ir*[2] bewältigen, schädigen, zürnen. Hierzu stelle ich auch *ubila-* = *ub-ila-*,[3] *ub* = *uf* w. m. s. Ursprünglich hatte es wol die bedeutung 'schädigend'.

unfairinôdaba (I. Thess. 2, 20) ἀμέμπτως untadelig, tadellos. (*un-*)*fairinôda* ist part. präet. des von *fairina-* abgeleiteten verb. *fairinôn* beschuldigen, verleumden, das

---

so auch zu got. *bila* werden konnte, so konnte doch *abala* nicht zu *ubila* werden, da dem skr. privativen *a* got. *un-* entspricht; weiter möchte er es dann zu *adhara* lat. *inferu-s* stellen, doch dem entspricht got. *undara-*. Endlich vergleicht er s. 39 skr. *âvila* trübe, glanzlos, welches auch auf moralische zustände übertragen wird; hiergegen spricht die indische erklärung von *âvila* als *â-vil-a* (*vil* bedecken) und der umstand, daß das praefix *â* sich außer im skr. nur im zend findet. *ubila-* zu skr. *upari* gr. ὑπέρ lat. *super* zu stellen (L. Meyer G. spr. 67) ist zu künstlich; dagegen spricht auch an. *illr*.

1) Grimm I. 35. 256.
2) Fick s. 22.
3) Dem got. *ubils* entspricht ahd. *upil* as. *ubil* ags. *yfel* fries. *evel*; dem got. *uf* für *ub* entspr. ahd. *opa*, weiter würde ihm as. *oba* (vgl. *obana*, *oben*) ags. *ofa* fries. *ova* entsprechen. Das auslautende *a* wurde vor *i* eingebüßt; dieses hinderte den eintritt des umlautes von *u* zu *o*, während es selbst umlaut bewirkte. Im fries. kann man schwanken, ob *u* erst zu *o* und dann zu *e* wurde, oder ob sich *e* zu *u* verhält wie in *ken* ahd. *chunni*.

mit *fêrjan-* zu lat. *periculu-m, ex-periri* gr. πεῖρα, πειρᾶν gehört.[1]

unqatassaba ἀτάκτως auf ungeregelte, unordeutliche weise, von *un-ga-tassa-*. Mit gr. τάσσειν[2] kann *tassa-* schon deshalb nichts zu tun haben, weil dieses aus τάχjειν entstanden ist; es ist vielmehr wahrscheinlich aus *tasta* entstanden und gehört zu zend. *daṅh* lehren.[3]

unsahtaba ὁμολογουμένως unbestritten, gehört zu einem durch *ta* gebildeten part. praet. von *sakan* streiten, welches mit *sôkjan* lat. *sagire, segni-s, sagu-m* zu grdsprl. *sag* anhangen, haften gehört.[4]

vairþaba ἀξίως wert, würdig und ***unvairþaba*** ἀναξίως unwürdig, von *vairþa-* wert, tauglich, würdig. Die zusammenstellung mit gr. χαρίζεσθαι lat. *grátu-s* skr. *har* lieben, wünschen,[5] welche hinter dem guttural ein *v* eingebüßt haben sollen, ist sehr bedenklich, da in keinem der dazu gehörigen wörter *ghvar*, sondern nur *ghar* als wurzel erscheint.[6] *vairþa-* ist nicht zu trennen von lit. *vèrta-s* preuß. *werts* (vgl. auch got. *ga-vairþeiga-* friedfertig und lett. *wertigs* würdig). Entweder gehören sie zu skr. *var* wählen (vgl. *vara* wahl, wunsch, *várya* kostbar, wert)

---

1) Diefenbach I. 358. 372, Fick s. 791. 794, L. Meyer G. spr. 73.
2) L. Meyer G. spr. 85, Zs. IV. 407.
3) Fick s. 90.
4) L. Meyer G. spr. 10, Fick s. 192. 403. 885. 897.
5) L. Meyer G. spr. 323.
6) Fick s. 68; das angeführte got. *geira, gair* ist jedoch unrichtig (vgl. Fick s. 1061) und beruht wahrscheinlich auf einem irrtume Schulzes (Goth. Wb.), welcher '*geiran* abl. 4 *cupere* begehren' auf *faihu-geirô* und *faihu-geirónjan* stützt. Beide wörter beruhen jedoch auf falschen lesarten und sind nach Uppströms berichtigungen zu streichen. *geira, gáir* läßt sich überhaupt auch theoretisch nicht annehmen, da abgesehen von anderem in dieser ablautsreihe weder *r* noch *l* als wurzelauslaut erscheint.

oder zu skr. *rar* bedecken, wahren, lat. *ver-cor* ich wahre, hüte mich, scheue.[1] *vaírþa-* ist also entweder das, was man wählt, oder das, was man in acht nimmt, was man liebt.[2]

reihaba ἁγίως heilig (I. Thess. 2, 10), von *reiha-* heilig. *reiha* gehört weniger zu skr. *çuci* (aus *craci*) leuchtend,[3] als zu skr. *vic* absondern[4].

analáugniba (Joh. 7, 10) ἐν κρυπτῷ verborgen, insgeheim, von *analáugnja-*. Es gehört mit *liugan* zu ksl. *lŭža* lügen, *lŭži* lügnerisch, *lŭži, lŭža* lüge.[5] Nach einer ansprechenden vermutung L. Meyers (G. spr. 297) hangen solche bildungen auf -*nja*- mit skr. formen auf *aníya* oder *enya* zusammen.

andáugiba παῤῥησίᾳ vor augen, öffentlich, offen, von *and-áugja* (vgl. *andáugja-* n. antlitz, *andáugjô* adv. = *andáugiba*), abgeleitet von *áugan-* n. auge, dessen *an* vor dem secundären *ja* wie im skr. eingebüßt wurde.[6] *augan-* gehört mit lat. *oculu-s* skr. *akshan, akshi* gr. ὄκι- in ὄσσε = ὄκιε lit. *akì-s* ksl. *oko* zu ig. *ak* sehen.[7] Eigentümlich steht got. *áu* dem *a* der verwanten sprachen gegenüber.[8]

---

1) Fick s. 181, vgl. Pott Et. f. I¹. 223. 241. Diefenbach I. 194.

2) Das masc. *vaírþa-* wert, preis ist entweder das sich mit einem anderen deckende, es ersetzende, oder seine bedeutung ist abgeleitet; auch *gavairþja-* friede gehört hierher und bedeutet entweder das schützende oder das, was zu schützen ist.

3) L. Meyer G. spr. 323.

4) Fick s. 872.

5) Diefenbach II. 145. Fick s. 541.

6) Benfey Gramm. §. 585.

7) Fick s. 1. 336, L. Meyer G. spr. 31, Curtius s. 423.

8) L. Meyer G. spr. 31 (Ebel, Zs. VIII. 242, Grassmann Zs. IX. 22) erklärt *áugan-* aus älterem *akran* durch metathese des *v*; Lottner (Zs. IX. 319) legt *ungan* (vgl. lit. *ankù*), Pauli (Zs. XIV. 101)

arniba ἀσφαλῶς sicher (Marc. 14, 44), von *arnja-.
Dieses gehört nicht sowol zu gr. ἀραρίσκειν anfügen, ἄρμενο-ς
passend,[1] als zu skr. *ar* (*rnoti*) erreichen, erlangen, treffen
gr. ἄρνυ-μαι erreichen, erlangen, gewinnen,[2] als das erreichbare, sichere.

gatêmiba (Skeir. 40) passend, geziemend, von *ga-témja-, welches mit *ga-timan* sich ziemen, passen und *timrjan* zimmern an gr. δέμ-ω errichte, baue, δέμ-ας gestalt skr. *dan* sich aufrichten, gerade sein sich anschließt.[3] *timan* bedeutet 'richtig sein und so ziemen.'

unanasiuniba (Skeir. 51) unsichtbar, von *ana-siunja-* (Skeir. 40). *siunja-* gehört zu *siuni-* f. gesicht, das wahrscheinlich aus *sihvni-*, *sivni-* entstand und sich an *saihvan* anschließt.[4] Dieses gehört zu lat. *secare*, ursprünglich mit der bedeutung sichten, dann: sehen.[5]

---

akukan zu grunde (vgl. gr. ὀπ-ωπ-α, ὀπ-ῖπ-εύειν, ὀπ-ωπ-ή und lesb. ὄπ-πα).
1) L. Meyer G. spr. 265.
2) Fick s. 13. *ar* II.
3) Fick s. 87.
4) Fick stellt s. 198 *siuni-* zu ig. *su* glänzen; weiterhin aber (s. 890) stellt auch er es zu *saihvan*; vgl. Holtzmann s. 24. Ist *siuni* so entstanden, so spricht es gegen die ansicht, daß got. *hv* kein doppellaut sei. Holtzmann nimmt das (s. 25) deshalb an, weil *hv* keine position mache, da sonst *saihvan* nicht als kurzsilbige wurzel behandelt werden könne. Dieß kommt aber vielleicht daher, daß *v* sich eindrängte, als die ablautsreihe schon feststand; außerdem findet sich zuweilen ein schwanken der ablautsreihen, vgl. ags. *brocen*, *sprocen* neben *sprecen*.
5) Diese ansicht Ficks (s. 400, vgl. Zs. XIV. 436) ist jedesfalls der Benfeys vorzuziehen, welcher (II. 346) *saihvan* aus skr. *sa-aksh* erklärt, sowie der Aufrechts (Zs. I. 352), welcher es zu lat. *sequi* gr. ἕπεσθαι, L. Meyers (G. spr. 44), der es zu skr. *caksh* (aus *scakv*) gr. παπταίνειν (wo labiale an die stelle von gutturalen getreten seien), und Förstemanns (Pf. Germ. XIV. 361), welcher es zu lat. *scio* stellen will.

usstiuriba (Luk. 15, 13) ἀσώτως zügellos, ausschweifend, von *stiurja- (vgl. *us-stiurein*-, *stiur-jan*), welches mit ahd. *stiura* stab, stütze, lat. *stauro*- (in *instaurâre, restaurâre*) gr. σταυρό-ς pfahl, stab, skr. *sthâvara* fest sich an ig. *stâ* anschließt.[1]

harduba δεινῶς, ἀποτόμως mit härte, sehr, von *hardu*-. Diesem entspricht gr. κρατύ-ς stark, mächtig, vgl. κάρτα sehr.[2] Bei dieser genauen übereinstimmung[3] ist kein grund vorhanden, diese zusammenstellung aufzugeben und *hardu*- zu gr. σκέλλεσθαι trocken, hart werden, σκληρό-ς trocken, fest, hart zu stellen,[4] was auch außerdem sehr unwahrscheinlich ist.

manvuba (II. Kor. 10, 6) ἑτοίμως bereit, von *manvu*-, welches inlautenden guttural (vgl. *mâis*) und *s* einbüßte (vgl. *ménan*- skr. *mâsa*) und unmittelbar zu skr. *mańkshu, makshu* adj. bereit, adv. alsbald lat. *mox* alsbald, bald[5] gehört.

---

1) L. Meyer G. spr. 86. 269, Fick s. 213.
2) Benfey II. 178. 308, Fick s. 348, Schweizer Zs. II. 359.
3) Vgl. jedoch ksl. *crêdu* J. Schmidt Zs. XIX. 272.
4) L. Meyer G. spr. 39.
5) Fick s. 145.

Kap. II.

Die anderen vocalisch auslautenden partikeln.

§. 1.

Die auf ê auslautenden partikeln.

Auf *é* lauten aus: *hvé, své, þé; nê; hidré, hvadré, jaindré, simlé, binsunjané, svaré, þandé, unté.*

Betrachten wir zunächst *hvé, své, þé.*

hvê erscheint selbständig mit den bedeutungen 1) wem, mit wem, womit; 2) mit dem compar. um wie viel, um was; 3) etwa;[1] ferner mit enklitischem *úh* (*hvéh*) μόνον, πάντως und in den verbindungen *bi-hvé* κατὰ τί und *du-hvé* quod, cur; endlich als präfix in *hvé-lauda-* πόσος und *hvé-leika-* (Luk. 1, 29) πηλίκος, οἷος.[2]

þê kommt als selbständiges wort nur Skeir. 44 vor dem comparativ vor (*ni þê haldis*) mit der bedeutung 'desto'; ferner in *þé-ei* (immer mit der negation verbunden) damit, deshalb daß, in *du-þé*,[3] womit gleichbedeutend *du-h-þê* und *duþ-þé* (= *duh-þé*) deshalb, dazu (häufig *duþé ei* des-

---

1) Heyne Gloss. z. Ulfil.
2) Statt *hvéleika* erscheint gewöhnlich *hvileika*.
3) Luk. 7, 7 gleichbedeutend *duþei*, mit wechsel von *ei* und *é*.

halb daß = weil, damit) und in *jaþ-þé* (= *jah-þé*) und wenn (*jaþþé-jaþþé* εἴτε-εἴτε).

své wie, gleichwie; es erscheint auch in der verbindung *sva-své* sowie, so daß, je nachdem, bei zahlangaben = ungefähr, gegen.

þé und *hvé* gehören unbestritten zu den pronominalstämmen *ta* und *ka;* eben so wird *své* zunächst zum pron.-stamm *sva* gehören. Fast allgemein hat man angenommen, daß in ihnen alte instrumentale vorliegen; aber in der erklärung dieser formen stehen sich zwei ansichten gegenüber. Während von der einen seite [1] angenommen wird, daß sie auf *ta-á, hva-á, sva-á* zurückgehen, hat man andrerseits [2] sie auf altes *-a-bhi*, vermittelt durch *ámi* zurückgeführt. Gegen die erste ansicht sollen die ahd. instrumentale sprechen, zumal da aus *þa-á, hva-á, sva-á þó, hvó, svó* entstehen würde. Letzteres ist indessen nicht zu beweisen. Sollte *fiské* aus *fiska-ám* entstanden sein, so wurde in ihm *a-á* zu *é;* einsilbige wörter zeigen freilich alte länge meist als *ó* z. b. *só, þó; né* jedoch entspricht ved. *ná* gr. *νη-*. Der ahd. instrumental lautet meist auf *u* oder *o* aus; in substantiven ist das suffix niemals als lang bezeichnet. Daß der ahd. instrumental aber ursprünglich auf langen vocal ausgieng, beweisen die schreibungen *fone diû, bediû, ziû* bei Notker.[3] Diese

---

1) Bopp I. 327, Grassmann Zs. XII. 258 (wo entstehung des *á* aus *ana* vermutet wird), L. Meyer G. spr. 446.
2) Schleicher s. 564 ff.
3) Dietrich Hist. decl. theotisc. prim. s. 12 ff. Grimm (I. 524) nimmt im ahd. durchgehends länge des instrumentalen *u* an; er bemerkt: 'das *û* des instr. und das *ô* des gen. plur. nehme ich nach analogie des got. *ê* an .... Otfr. und Tat. behalten im instr. *u*, wie im plur. (nom. acc.) *a* bei, während sie das dative kurze *a* in *e* schwächen. Dieß spricht für die Länge des *u* wie des *a*. Endlich geht das *u* des instrum. nicht in *o* über, da doch gerade das kurze *u* des dat. plur. bei Otfr. und Tat. zu *o* wird.' Gegen diese gründe hat schon Bopp (I. 329) sich ausgesprochen, und man kann ihnen nicht beistim-

länge aber, anstatt die erste ansicht zu verbieten, streitet gerade gegen die an ihrer statt neu aufgestellte zweite. Ein scheinbares analogon für die entstehung von *wolfu* aus *wolfâmi bietet *wigu* aus *vaghâmi*. Während hier aber grundsprachliches suffix *mi* vorliegt, geht jenes *mi* auf grdsprl. *bhi* zurück, vor welchem dehnung des stammauslautenden *a* anzunehmen immerhin bedenklich ist. Die griechischen formen Ἰλιόφιν, αὐτόφιν, δεξιόφιν, ἀριστερόφιν zeigen kürze des stammauslautes, und wenn der letto-slavische instrum. auf einer bildung mit suffix *mi* beruht, so spricht auch dieser nicht für eine solche dehnung. Daß die annahme derselben ungerechtfertigt ist, beweist auf deutschem boden der dat. plur. got. *fiskam* ahd. *viscum* (aus *fiskabhjams*) und wie will man endlich die instrumentale *palku, fridu, stediu* erklären? Wir dürfen demnach von dieser zweiten ansicht, die sich auf kein historisches moment stützt, absehen, zumal da die got. *þu̇*, *hvé*, *své* ihre getreuen abbilder in gr. τη (τη-λίκος dor. ταλίκος), πή (ion.κή dor. πᾶ, vgl. πηλίκος), ή (in ἡλίκος) haben.[1]

Während die beiden obigen ansichten darin übereinstimmten, daß sie die gotischen wörter für instrumentale erklären, steht beiden eine andere entgegen, welche

---

men. Denn *u* geht allerdings in *o* über z. b. *malo, herigo, folku* (Leich auf d. heil. Georg v. 1. 2, andre belege bei Müllenhoff u. Scherer Denkm. s. 300) und findet sich auch zu *e* geschwächt (Merigart. 1. 68). Ferner finden sich bei Otfr. manche instrumentale auf *o* (Kelle, Otfr. II. 137. 162), und nach den einsilbigen *þê, hvé, své* darf man ebenso wenig ein *u* des instrum. annehmen als z. b. nach *só* ein *plintû* got. *blinda, giba* gegenüber. Daß das *u* früher aber wirklich lang war, beweist auch der umstand, daß es zuweilen in *iu* übergegangen ist (Grimm Gesch. 934). Am wahrscheinlichsten ist mir die ansicht Dietrichs, daß *ô* der ursprüngliche laut sei, der zu *û* und weiter auch zu *iu* wurde. Aus diesem *iu* erklärt sich dann auch der seltene ags. instrum. auf *y, i*.

[1] Fast dieselben und andere gründe hat bereits Scherer (s. 426) gegen Schleichers ansicht geäußert.

þé und hvé zu den lat. dativen *cui, isti* stellt, indem *é* für *ei* stehe.[1] Hiergegen spricht zunächst die entstehung von *cui* aus *quo-i-ei*,[2] und ferner ist die bedeutung der got. wörter nicht dativisch, sondern instrumental. Jene ansicht stützt sich auf ags. *þý* d. i. *þi* und an. *þvi*, ags. *hvý — hvi* as. *hwî* an. *hvî*. Hierzu soll auch weiter ahd. *hwiu* (= got. *hvé-úh*), *hiu* (= *hé-úh*) und *diu* (= *þê-úh*) gehören, die demnach *diu, hwiu, hiu* zu schreiben seien. Die zur vergleichung herbeigezogenen ags. und an. wörter würden entscheidend sein, wenn sich für sie dem got. gegenüber und für das got. ihnen gegenüber keine weitere darböte. Während aber *þý* und *þvi* zu got. *þei* (aus *tjá* s. w. u.) gestellt und damit auf den pronominalstamm *tja*[3] zurückgeführt werden dürfen, vergleicht sich got. *hvé* auch as. *hwô* ags. *hú*, und *þé* ahd. *dú*.[4] Was die ahd. wörter betrifft, so wird *diu*, wofür, wie o. bemerkt, Notker *diú* bietet, als *di-u* erklärt und die entstehung aus *tjá* bestritten, weil diese erklärung 'auf der ganz ungerechtfertigten, willkürlichen annahme eines alten instrumentalis *tjá* beruhe.' Diese annahme ist aber durchaus nicht ungerechtfertigt, denn für das fem. wenigstens belegt das Petersb. wb. den instrum. *tyá*, und da der pronominalstamm *tja* auf deutschem boden vorkommt, so konnte auch sehr wol ein instrumental in der angedeuteten weise daraus auf deutschem boden gebildet werden.

---

1) Holtzmann in Pf. Germ. IX. 182.
2) Corssen Nachtr. s. 92 ff.
3) Wie stark der einfluß des *j* in diesem pronominalstamm war, beweist u. a. die von Dietrich (Pf. Germ. X. 298) in der runeninschrift des zu Tondern aufgefundenen hornes hergestellte form *thim* (dat. plur.), die, wie er bemerkt, in dieser aussprache sich auch auf dem bracteaten n. 112 des kopenhag. atlas findet.
4) In *duuuidaro* statt *diu hwederu* und *bidu* für *bidiu*, gl. Ker. 172ª.

'Jedesfalls wird die erklärung von *hwiu* und *hiu* sich nach der von *diu* zu richten haben',[1] und dieser umstand soll zu gunsten der gegebenen erklärung ins gewicht fallen. Denn während *þé* und *diu* zu zwei verwanten, aber verschiedenen pron. *ta* und *tja* gehörten, könne man für *hvé* und *hwiu* nicht eben so zwei interrogativa *ka* und *kja* nachweisen. Aber abgesehen davon, daß *hwiu* sehr wol nach der analogie von *diu*, gerade wie an. *því* nach der von *hví*, entstehen konnte, so darf man doch vielleicht einen pronominalstamm *kja* annehmen. Auf ihn geht (mit demonstrativer bedeutung) lat. *ci*- got. *hi*- gr. χει (*é-κεῖ* u. a.) zurück, und wie *tja* aus *ta-ja* entstand, so könnte er möglicher weise aus *ka-ja* (wer welcher = wer) gebildet sein; dieses thema aber ist im gen. *kayasya*[2] bewahrt, und vielleicht führt auf ihn der zend. nom. plur. *kaya* zurück, wenn darin nicht eine auflösung von *ké* vorliegt.[3]

Endlich bliebe zu beweisen, daß das got. *úh* zu *u* und weiter zu *o* geworden wäre (vgl. *doh*, *joh*); das ags. *hwi* neben *hwiu* und *hweo* betrachtet man wol am natürlichsten als aus ihnen entstanden.

Während die ansicht Holtzmanns mit den beiden obigen wenigstens darin übereinstimmte, daß sie *þé* und *hvé* zu den pronominalstämmen *ta* und *ka* stellte, weicht sie darin von ihnen ab, daß *své* nicht zum pronominalstamm *sva*, sondern *sa* gestellt wird. 'Mit *sui* und *suus* und skr. *svayam* u. s. w. kann got. *své* nichts zu tun haben, denn von *se* zu *sic*, von *sich* zu *so* ist kein übergang der bedeutung.' *své*, das nur relative bedeutung habe, sei = *só-ei*, indem *só* = ahd. *sô*, welches die richtige, unentstellte form sei, zunächst zu *su* und hier das *u* vor dem relativum *ei* zu *v* geworden sei.

---
1) Holtzmann a. a. o. s. 183.
2) Sâmaveda II. 6, 2. 14. 2.
3) Justi s. 76.

Diese erklärung wird schon durch die von *sva* unwahrscheinlich, welches in derselben weise aus *sô-a* entstanden sein soll; dieses *a* aber ist im got. nur hinter consonanten nachzuweisen, wie *þat-a*, *it-a* und erscheint in keinem falle hinter auslautendem vocale. Weiter aber darf man fragen, ob *sô-ei* nicht vielmehr entweder in dieser gestalt geblieben sei (vgl. *sô-ei* nom. sg. fem.) oder doch zu *saúei* geworden wäre.[1] Die reflexive bedeutung des pronominalstammes *sva* berechtigt nicht zu einer verwerfung der ansicht, welche *sva* und *své* zu ihm stellt, denn sie war ursprünglich nur allgemein reflexiv.[2] Auch lat. *sî* = osk. *svaí* gehört zu *sva*, und die bedeutungen so, wie und wenn liegen nicht weit von einander ab. Endlich wird die ganze ansicht hinfällig durch altlat. *svad* (*svad ted Messala ait esse sic te* — Festus 351),[3] das, nichts anderes als neutralform des pron.-stammes *sva*, von got. *sva* nicht zu trennen ist.

Ich bleibe demnach bei der ansicht stehen, daß *þé*, *hvé*, *své* durch *á* gebildete instrumentale von *ta*, *ka*, *sva* seien.[4]

nê nein = ved. *ná* gr. *νη* (in *νηκέρδης*, *νήποινος*) lat. *nĕ*, vgl. *ni* und *nei*.

Ich wende mich nun zu den mehrsilbigen, in denen man alte instrumentale erkannt hat.[5] *þé* ist allerdings aus *ta-á*

---

1) Holtzmann s. 14.
2) Curtius s. 366.
3) Aufrecht, Zs. I. 287.
4) Benfey vermutet (I. 452), daß *sva* eine verbindung der pron.-stämme *sa* und *va* sei.
5) L. Meyer G. spr. 447: 'In der reihe der adverbiellen bildungen finden sich ohne zweifel auch noch mehrere alte instrumentale; vielleicht darf man sie sämtlich so auffaßen.' Am schluße des § vergleicht er *hvadrê*, *hidrê*, *jaindré* bildungen wie skr. *kutra*, *tatra* und lat. *contrá*, *intrá*, *extrá*, *citrá*, welches letztere vielleicht genau mit *hidré* übereinstimme. *kutra*, *tatra* sind allerdings instrumentale, aber die latein. wörter ablative, wie aus *exstrad* und *suprad* des s. c. de bacch.

entstanden; aber *sô* steht *blinda*, *giba* gegenüber, und so wenig aus *vaúrda-â vaúrdê* wurde. konnte z. b. *simla-â* zu *simlê* werden. Dagegen sprechen auch *faúra* = skr. *purâ*, *aftra* (*tra* wol = skr. *tra* aus *trâ*), *ana* = gr. ἀνά, *andu* = gr. ἄντα, welche alte instrumentale zu sein scheinen. Wenn man bedenkt, daß für *þandê* sechsmal *þandei* vorkommt,[1] daß statt *svarê* II. Kor. 6, 1 cod. B *svarei*, statt *hidrê* Luc. 9, 41 *hidrei* steht, so wird man, da sich sonst keine ausreichende erklärung dieser wörter findet, der ansicht recht geben, daß *ê* aus *ei* entstand.[2] Dieses auslautende, aus *ê* entstandene *ei* halte ich für identisch mit der gewöhnlich in relativer bedeutung erscheinenden partikel *ei*, die aber in *akei*, im ahd. nom. acc. pl. neutr. *dei* aus *dâ-î* und dem ahd. neutr. *thizi*, *dezi* nur verstärkend steht.[3] Wie *þammei* aus *þamma-ei*, so entstand z. b. *hidrê* vermittelt *hidrei* aus *hidra-ei*, dessen erster teil sich an. *hêdra* (vgl. *þadra*) und lat. *citra* vergleicht.

hidrê ὧδε = *hidra-ei*; *hidra* = lat. *citra*.[4]

hvadrê (Joh. 17, 35 ποῦ) = *hvadra-ei*, vom pronominalstamme *hva*.

jaíndrê (Luk. 17, 37) ἐκεῖ dorthin; über *jaína* vgl. *jainþrô*.[5]

---

hervorgeht. Scherer (s. 465) stellt das *drê* in *hidrê*, *hvadrê*, *jaindrê* dem skr. *trâ* gleich; *simlê* versieht er s. 424 mit einem fragezeichen, erklärt es aber s. 460 mit ags. *simle* für echten instrumental.
1) Luc. 1, 34. 16, 3; Röm. 11, 16. 21; Gal. 6, 10; Phil. 1, 18.
2) Holtzmann in Pf. Germ. IX. 182 f.
3) Scherer s. 385.
4) Vergleicht man freilich *hradrê* und *jaindrê* mit *hraþrô* und *jainþrô*, so ist absolut kein grund für die verschiedene behandlung des t-lautes einzusehen. Neben *hvadrê* und *jaindrê* erscheint auch *hvad* und *jaind*; vielleicht sind jene zu diesen zu stellen, indem an die zu grunde liegenden *kadha* und *jin(a)dha* suff. *ra* trat, vgl. skr. *a-dha -ra* got. *un-da-ra*.
5) Holtzmann (s. 30) hält das *d* für euphonisch zwischen *n* und *r* eingeschoben, *jaindrê* gehöre zu *jainar* für *jainrê*. Es ist aber

simlê ποτέ einst, vormals, ehedem. Vergleicht ma[...] das hierhergehörige ags. *simlon* neben *simnon* (nur cod. Cott.)[...] so löst sich deutlich *sim* als radicales element ab, das zum pronominalstamm *sama* zu stellen ist [1] (vgl. *samaþ, samana*). Dazu gehört auch lat. *simul, semel*. Letzteres bezeichnet u: a. die bloße antecedenz einer handlung, wie unser deutsches touloses einmal,[2] und dasselbe wird bei *simla* der fall gewesein; daraus entwickelte sich die bedeutung 'früher, vormals.' An das pronominalthema *sama* einer [3] trat vermutlich verstärkend das comparativsuffix *ra*, so daß *samara, samala* etwa 'die bedeutung 'einzeln, vereinzelt' hatte. Wenn man in *hidrê, jaindrê* und *hvadrê*, etwa gestützt auf den got. localen genetiv z. b. *insandida ina háiþjôs seináitôs* (Luc. 15, 15) gegenüber *insandeiþ ina hidrê* (Marc. 11, 3) genetive zu suchen scheinbar berechtigt wäre, so spricht dagegen das seiner form nach von jenen nicht zu trennende *simlê*, das seiner natur nach singularisch ist. Das ags. *simlon, simblon* ahd. *simblun* [4] sind allerdings plurale; aber sie bedeuten 'immer, d. h. das in jedem einzelnen falle geschehende.' [5]

bisunjanê κύκλῳ umher, rings umher, mit dat. um herum (*þata bisunjanê land = περίχωρος* Luc. 4, 37). Das

---

nicht von *hvadrê* und *hidrê* zu trennen, in denen von einem euphonischen einschub nicht die rede sein kann.
1) Diefenbach II. 210, I. Meyer G. spr. 287.
2) Plaut. Bacch. 5, 2, 85 *Quod semel dixi, haud mutabo*, vgl. Freund Lat. wb. IV. 232.
3) vgl. gr. ἁμάκις einmal.
4) mit einschub von euphonischem *b* wie in got. *timbrjan* neben *timrjan*.
5) Das ags. *symbel, simbel, syml epulae, convivium* gehört auch hierher; das ahd. *simbles semper* möchte ich aber nicht als gen. dieses subst. auffaßen (Grimm III. 128); es bedeutet ursprünglich gewiss nur gesellschaft, versammlung.

wort zu *siuni-* aus *sihvni-* zu stellen,[1] ist sehr bedenklich; es gehört vielmehr wie *sunjaba* zu dem part. lat. *sent* gr. ὄντ skr. *sant*;[2] *bisunjana-* bedeutet das dabei seiende, in der nähe liegende.

svarê εἰκῇ, μάτην, δωρεάν vergebens, ohne grund, umsonst. L. Meyer[3] vermutet verwantschaft mit gr. φθορά, φθείρειν, wie er überhaupt gr. φθ und skr. *ksh* durch got. *sv* in mehreren fällen vertreten läßt. 'Möglicher weise — sagt er — darf man in diesen bildungen das altind. *ksh* für ein ursprüngliches *kv* eingetreten ansehen.... Der kehllaut könnte im got. neben *v* ausnahmsweise zum zischlaut geworden sein, und im gr. könnte neben dem an stelle des kehllautes getretenen lippenlaut der alte halbvocal in ganz gleicher weise einen *t*-laut hervorgerufen haben, wie z. b. das *j* in gr. χθές = altind. *hyas* gestern, . τύπτειν schlagen aus τύπjειν und anderen bildungen.' Ein guttural wird im got. nie zu *s*, und wenn skr. *ksh*. durch got. *sv* vertreten würde, so möchte ich jenes lieber = *sk* stellen,[4] woraus durch die mittelstufe *skv* mit ausdrängung des guttural *sv* wurde. Aber got. *sv* = skr. *ksh* gr. φθ läßt sich nicht mit sicherheit erweisen. *sveiban* gehört nicht zu φθίνω skr. *kshi*, sondern eher zu σόβο-ς heftige Bewegung, lit. *supù* schwingen, schaukeln,[5] *svindan (unser schwinden) zu gr. σίνομαι fortraffen, rauben,[6] *af-svairban* abwischen, auslöschen zu

---

1) Diefenbach (II. 291, vgl. 215) hält es mit Grimm III. 134 für gen. plur. von **bisunja, risus, contuitus oculorum*, weil mehr als ein blick in die runde gerichtet werden müße.
2) L. Meyer G. spr. 447.
3) G. spr. 173 326.
4) Über gr. φθ = skr. *ksh*. vgl. Curtius s. 656 ff.
5) Fick s. 416. 922.
6) Fick s. 417. Das *d* in *svindan, haldan, staldan, raldan* ist gewis nichts anders, als das *t* in ρύπ-τ-ω, κρύπτω, βλάπτω, τίκτω, in lat. *plecto, flecto, necto*, in lit. *klýstu, plústu, álkstu, drįstù, eitu* zu ·

lit. *swelu* senge, skr. *sur* leuchten, glühen;[1] *srégnjan, gasvógnjan* und *sviglôn* sind dunkel, gehören aber eher zu skr. *svan* tönen, als zu φθέγμα, φθέγγεσθαι. *uf-svalleini*- gehört zu gr. σάλος für σFάλος lat. *salu-s*, *salu-m* (für *sval*-) das wogen des meeres.[2] Wir werden so am besten zu der zusammenstellung mit got. *svêra*- geehrt, geachtet, ahd. *swâri*[3] zurückgreifen. Sie gehören zu skr. *svar* quälen, verletzen;[4] daraus erhielt *svaran die bedeutung: beschädigen, absichtlich, hinterlistig beschädigen, dann allgemein täuschen. Analog ist die entwicklung in lat. *frustra*,[5] und wie in diesem, so hat man auch hier wol 'an selbsttäuschung zu denken', um den sinn 'vergebens' erklärlich zu finden.'[6]

pandê ἕως, ὅτι, εἰ so lange als, weil, da, wenn; ahd. vergleicht sich im allgemeinen *danta*. Dem skr. *kadâ* entspricht lat. *quandô*.[7] Skr. *dá* ist = gr. -δε, welches z. b. in Ὀλυμπόν-δε den acc. regiert. Nach dieser analogie liegt vermutlich *kadá* und *quandô* ein *kamdá* zu grunde, welches im skr. in folge der betonung den nasal einbüßte.[8] Skr.

---

erklären, und sein vorkommen in so vielen sprachen spricht sowol dagegen, daß es aus *j*, als daß es aus *sk* entstanden ist; vgl. Curtius s. 626.

1) Fick s. 220.
2) Fick s. 417.
3) Gabelentz u. Löbe Got. gramm. s. 121.
4) Fick s. 220.
5) Corssen Beitr. 183.
6) So wenig als in den anderen bildungen auf *ê* kann man in *svarê* an den gen. pl. eines subst. *svars* denken (Grimm III. 121. 134).
7) Diese zusammengehörigkeit (vgl. L. Meyer, Gött. gel. anz. 1859 s. 399), verbietet, das *dá* zu gr. θα in ἔνθα zu stellen (vgl. Scherer s. 302). Auch *tadá* und *tandem* scheinen eng zusammen zu gehören.
8) Die zusammengehörigkeit von *kadá, quandô* und lit. *kada* ksl. *kuda* spricht dagegen, daß *-dá* aus *dirá, djá* entstanden sei, vgl. Corssen Beitr. s. 501 ff. *dá* geht entweder auf einen pron.-stamm

adhás, ádha enspricht gr. ἔνθεν, ἔνθα. Hier läßt sich allerdings die einbuße des *n* eben so wenig erklären, als in *ádhara, adhamá* = lat. *inferu-s, infimu-s* got. *undara-*, wenn man nicht eine verrückung des tones annehmen will. Dennoch darf man *ἐν* vielleicht als acc. des pronominalstammes *a* auffaßen,[1] ἔνθα also ein *am-dha zu grunde legen. Nach dieser analogie ist *þandê* entstanden aus *þan-da-ei* und *þan*, älter *tam*, acc. des pronominalstammes *ta*.[2] Jedesfalls ist diese erklärung auch für den fall zuläßig, daß die von ἔνθα verfehlt ist. Über dieses *dhâ* vergl. *du*.

untê so lange als, bis, weil, denn;[3] entstanden aus *unta-ei*, vergleicht sich diesem *unta* ahd. *unza* as. *unt*.[4] Ich stelle sie direct zu lat. *en-do in-du*, indem ich den inlautenden nasal wieder als altes accusativisches *m* betrachte. *amda* bedeutet ursprünglich: zu diesem, bis zu diesem, bei diesem.[5]

§. 2.

Die auf *a* auslautenden partikeln.

afta ὀπίσω dahinten, zurück (Phil. 3, 14), entstanden aus *apa-ta*[6] (*apa* vgl. *af*). *ta* erscheint identisch mit gr. *da* (Weber, Zs. für österreich. gymnasialw. XIX. 37 ff.) oder auf *dā* geben, zuteilen zurück (Benfey Gramm. §. 612).

1) Vielleicht ist *ἐν* skr. *a* jedoch = lat. *in* in *ille* aus *in-le*.
2) Auch Holtzmann in Pf. Germ. IX. 183 läßt *þandê* aus *panda-ei* entstehen; *panda* aber soll = lat. *tam-diu* sein.
3) Holtzmann (ib. s. 182) bemerkt: '*untê* steht für *untei*, wie as. *unti* ahd. *unzi* unzweifelhaft machen'; as. *unti* kommt aber meines wißens gar nicht vor, und ahd. *unzi* neben *unza* bei Tatian ist nicht entscheidend.
4) Ich stelle diese lieber hierher, als daß ich *unza* aus *unt za* (*unt* = got. *und*), *unt* aus *und* te entstehen laße (vgl. Wackernagel Ad. wb. s. 318, Heyne Gloss. zu Hél. s. 347); as. *untô* ist allerdings wol aus *und tô*, das *untes*, *untis* der kleineren altniederd. denkmäler und *untôs* der gl. Lips. 848 aus *unt is*, *untô is* zu erklären.
5) L. Meyer G. spr. 100 sucht in *untê* suffixales *ta*.
6) zend. *apatha* ist wol aus *apa-atha* entstanden und nicht vergleichbar.

τω in κάτω,[1] womit nahe verwant τα in κα-τά, εἶτα, δῆτα und skr. *thâ* in *kathâ, yathâ, tathâ* oder *tâ* in *dvitâ, devatá, purushatâ*.[2] Eine superlativische bedeutung des suffixes *ta* tritt hier nicht zu tage.[3]

aftra ὀπίσω, πάλιν rückwärts, abermals, weiter, und präfix in *aftra-ana-stôdeini* (Skeir. 38). *aftra* könnte sowol auf *apa-dha-ra*, als *apa-tara* beruhen; aber wie in *aftarô* gegenüber *jainþrô* und in *afta* sich altes *t* bewahrt hat, so scheint dasselbe auch hier der fall zu sein. *tra* ist entweder = skr. *tra*, älter *trâ* (vgl. ved. *satrá*) oder lat. *trâd* in *extrâd*.[4]

alja 1) conj. als (nach negationen), außer, nur, sondern 2) praep. c. dat. außer (Marc. 12, 32). Nach analogie des skr. *antará* ohne d. h. durch etwas anderes als sc. etwas[5] scheint es instrumental zu sein. Dafür spricht auch das genau entsprechende parsi. *ainâ alias* und nicht dagegen gr. ἀλλά. *alja* und ἀλλά als acc. pl. n. aufzufaßen,[6] ist mir bedenklich.

ana 1) adv. auf, darauf 2) praep. c. dat. u. acc. an, auf, über, zu, in, gegen, wider, wegen 3) praefix. Ihm entspricht an. *â* ahd. *ana, ane* as. *an, on* ags. *on* afr. *an, â* zend. *ana* gr. ἀνά.[7] Das got. weist in seinem verhältnis zu gr. und zend. auf frühere länge des auslautes hin. Skr.

---

1) L. Meyer G. spr. 154.
2) Benfey Gramm. s. 235.
3) L. Meyer G. spr. 81.
4) Dem got. *aftra* entspricht ahd. *aftar*, und man kann schwanken, ob sich hier die vollere form des suffixes erhalten hat, oder dasselbe verhältniss vorliegt, wie in *ahhar* got. *akrs, vinkar* got. *figgrs, silupar* got. *silubr, wintar* got. *vintrus, hunkar* got. *hûhrus*.
5) Benfey II. 49.
6) Grimm III. 187.
7) Grimm III. 252, Diefenbach I. 45, Curtius s. 287, Fick s. 7.

anu ist gewis verwant, vielleicht auch aus *anam* entstanden, aber diese form nicht den obigen wörtern zu grunde zu legen.¹ Aus *anam* hätte got. nur *an* werden können, und ist *ana* nicht aus *aná* entstanden, sondern das *a* ursprünglich kurz, so ist das nur möglich, wenn eine doppelconsonanz dahinter eingebüßt ist. Gegen die identificierung von *anu* und *ana* spricht auch das zend., in welchem beide formen in verschiedener bedeutung vorkommen.² *anu* ist demnach von *ana* zu trennen, dieses aber wahrscheinlich instrumental.³

anda nur nominalpräfix im sinne von gegen, ent-. Als praefix erscheint auch *and*, das hier gleich mit besprochen werden mag; es zeigt als solches die bedeutungen ant-, ent-, er-, an-, gegenüber, wider; daneben aber ist es auch praep. διά, εἰς, ἐν, ἐπί, κατά. Da *and* als praefix nicht bloß vor nominibus, sondern auch vor starken und schwachen verben und neben *andniman andanumti-*, *andanêmeiga-*, neben *andháitan andaháita-*, neben *andhafjan andakaftu-* steht, so möchte man versucht sein, den unterschied zwischen *anda-* und *and-* nach mhd. regel zu constatieren, wo in folge einer wirkung des logischen accentes vor nominibus und den daraus abgeleiteten bildungen *ant*, vor verben und verbalien *ent* erscheint.⁴ Dem widerspricht aber *andbahta-* und *andbahtja-*, *andvairþa-*, *andvaúrdjan*. Wir werden dadurch gehindert, beide auf eine form zurückzuleiten,⁵ und müßen es als rein zufällig betrachten, daß *anda*

---

1) Kuhn Beitr. I. 359.
2) Vgl. J. Schmidt Zur gesch. des ig. vocalism. s. 151.
3) Zend. *ana* stimmt genau mit dem instrum. des pron.-stammes *ana* überein, der im neutr. stets auf kurzes *a* auslautet, während im masc. an zwei stellen (y. 28, 5. und 13, 17) noch *aná* erscheint.
4) Müller Mhd. wb. I. 47.
5) L. Meyer G. spr. 130. 351.

nirgends als verbales praefix erscheint. Im ahd. erscheint vor nominibus *ant*, eben so in den ältesten denkmälern vor verben und verbalien, dieses wird aber später zu *int* und *ent*.[1] Somit legt man diesem *anti*, jenem *anta* zu grunde. Zu diesem gehört gr. ἄντα lit. *at*, alt. *ata* ksl. *otŭ*; zu jenem skr. *anti* gr. ἀντί.[2] *anta* ist instrumental, *anti* locativ eines thema *anta*, wozu lat. *ante* (vgl. *antid-ea*) als ablativ gehört.[3]

ba erscheint nur Joh. 11, 25: *saei galáubeiþ du mis, þáuh ga-ba-dáuþniþ, libáid* = ὁ πιστεύων εἰς ἐμὲ κἂν ἀποθάνῃ ζήσεται.[4] Diese stelle berechtigt uns, ein got. *þáuh* wenn auch, obgleich anzunehmen (vgl. *þáuh-jabai* wenn auch, as. *thôh* ahd. *doh* obgleich), welches durch *ba* nur verstärkt wurde. Dieses ist zwischen *ga* und dem verbum eingeschoben, wie *u*, *þáu*, *ûh*[5] und identisch mit lit. *bà* allerdings, ja wol, ksl. *bo* denn, preuß. *ba*, *be* und zend. *bā* (versicherungspartikel) gr. φή, φῇ wie.[6]

dalaþa (Mark. 14, 66) κάτω unten. Über die etymologie von *dala*- vgl. *dalaþrô*, über das suffix *afta*. Vielleicht darf got. *þa* gr. τω zu skr. *tát* in *apáktát*, *práktát* gestellt werden;[7] sie wären dann ablative, wie auch das gr. τω wahrscheinlich macht.

faúra 1) adv. vorn, vorher 2) praep. c. dat. vor, wegen 3) praefix. Nahe dazu gehört *faúr*, das hier gleich

---

1) Graff I. 352.
2) Fick s. 9. 339.
3) Das thema *anta* hängt wahrscheinlich wie skr. *anta* ende mit dem pron.-st. *ana* zusammen (Benfey II. 49).
4) Löbe gibt die lesart *þauhjaba;* nach Uppström zeigt der cod. arg. deutlich *gabadauþniþ*. Gegen jene änderung spricht auch, daß die form *jaba* nicht vorkommt.
5) Vgl. Mat. 9. 28, Joh. 5. 46, Luk. 1. 63, II. Kor. 8. 18, und namentlich *ga-u-hra-sêhvi* statt *hrau gasêhvi* Mark. 8. 23.
6) Fick s. 138. 589.
7) Über dieses *tát* vgl. Or. u. occ. II. 565.

mit besprochen werden mag. Es ist 1) adv. vor, voraus 2) praep. c. acc. vor-hin, längs-hin, vor, wegen 3) praefix. Got. *faúra* entspricht ahd. *fora* ags. *for* as. *far, for* afr. *fori*; für *faúr* bietet sich die verwantschaft nicht so sicher, da ihm sowol an *fyr, fyri* as. ahd. *furi*, als auch an. as. *fur* entsprechen können. Während jene wörter auf ein *parā* (vgl. as. *far*) führen, aus welchem dann weiter *purā* wurde, dem zunächst skr. *purā* vor alter zeit, früher, jüngst, weiter aber auch skr. zend. apers. *parā* gr. παρά sich vergleicht,[1] kann *faúr* sowol skr. *puras* gr. πάρος,[2] als skr. *pari* zend. *pairi* gr. περί sein.

fra nur praefix,[3] nhd. *ver-*, ahd. *fra* und *far*[4] an. *frā* ags. *fra* und *fræ*. Ihm entsprechen genau skr. *pra* zend. *fra, frā, frō* apers. *fra* gr. πρό ksl. *pra*, *pro* lit. *pra* lat. *pro* (in *proficisci* u. a.). Das zend hat alte länge bewahrt,[5] und so gehören alle diese wörter wol unter eine form mit gedehntem auslaut;[6] wie aber gr. προμό-ς got. *fruman*- skr. *paramā* gegenüber[7] einbuße eines radikalen *a* zeigen, so geht *prā* wol auf *parā* zurück, ursprünglich identisch mit skr. *parā* gr. παρά. Sie sind instrumentale, lat. *prōd* ablativ.[8]

---

1) Benfey I. 136, L. Meyer G. spr. 438, Fick s. 119.
2) Kuhn Zs. III. 240.
3) Von *fra-itan* lautet die 3. sg. pf. *frêt* (Luk. 15, 30) aus *fra-at* und 3. pl. *frêtun* (Luk. 8, 5. Mark. 4, 14) aus *fra-êtun*. Holtzmann (Pf. Germ. IX. 184) will statt *frêt frêti* (pot. = *fra-êti*) schreiben, was mir aus mehreren Gründen bedenklich ist.
4) Ahd. entspricht *fir* got. *fair*, daneben erscheint aber auch *fur, for, fur, fer*. *fair* ist aus *far* entstanden, und so kann ahd. *far* sowol zu diesem als hieher gehören.
5) auch gr. πρω-ί?
6) Bopp III. 500 anm. 2.
7) Fick s. 129.
8) Curtius s. 267.

ga untrennbare partikel[1] vor verben, substantiven, adjectiven.[2] Wenn man aus z. b. *garinnan* dem got. *ga* die bedeutung 'zusammen' geben möchte, so ist doch eine zusammenstellung von *ga* und lat. *com- cum* sehr gewagt.[3] Daß in beiden anlautender zischlaut eingebüßt sei, soll durch gr. σύν =· ξίν (aus σκίν) bewiesen werden. Aber ist das schon für das lat. bedenklich,[4] so spricht auch das got. dagegen. Alte tenuis wird hinter *s* im deutschen nicht geändert, und es ist doch sehr unwahrscheinlich, daß (während ungeschütztes *k* im anlaute nicht zu *g* wird) dieses durch *s* längere zeit geschützte nicht *k* blieb oder zu *h* wurde, sondern sich in *g* verwandelt habe. Ferner ist die vertretung von altem *sk* durch got. *g* nicht mit genügender sicherheit zu erweisen. Außer in *ga* hat man sie in *giutan* angenommen,[5] welches mit *fundere* und gr. χέω auf skr. çcyut (aus *skyut*) und çcut (aus *skut*) zurückgehe; sie gehören aber zu skr. *hu* opfern[6] (ursprüngl. gießen, sc. das *ghṛta* in das opferfeuer?). In *graban* wird die genannte lautvertretung sehr unwahrscheinlich durch das genau entsprechende ksl. *grebą* graben, schaben, kämmen;[7] *grinda-* in *grinda-fraþja-* ὀλιγόψυχος

---

1) Vgl. jedoch s. 68 anm. 5.
2) Das ags. *ge* as. *ge*, *gi* (*ge-ge* sowol — als auch) gehört wol nicht zum got. *ga* (Diefenbach II. 370); sondern wahrscheinlich steht in ihnen *g* für *j*, vgl. die schreibungen *gia*, *gie*, *gi* und *giak* im Hél. Grimm (II. 752) glaubt, eine vollere form *gam* in den formen *gan*, *ham*, *han* zu finden; aber obgleich auch die formen *ha*, *hi* und *he* vorkommen (Graff IV. 10 ff.) und der einwand, den Grimm selbst macht, daß sich im got. keine spur von *gam-*, *gan-* finde, durch die got. auslautsgesetze hinwegfällt, so sind diese formen einstweilen doch noch zu unsicher, um sie hier zu berücksichtigen.
3) L. Meyer G. spr. 26, Pott Et. f. II.² 840 - 858.
4) Corssen Beitr. s. 457.
5) L. Meyer G. spr. a. a. a.
6) Curtius s. 193.
7) Fick s. 521.

gehört zu got. *gramjan* grämlich machen, zend. *gram*[1] grimmen (*grinda* = zend. *grańta* grimmig), *gramsta*- m. splitter gehört wol eher zu ksl. *grędü*, *gręda* balken, bohle,[2] als zu gr. κάρφο-ς aus σκάρφο-ς; *gridi* gehört allerdings zu *gradior*, aber damit nicht zu skr. *kram* (aus *skram*) schreiten, sondern zu *gardh* ausgreifen, streben nach;[3] *gasti*- gehört zu *hosti*-, aber die zusammengehörigkeit mit ξένος und die entstehung des ξ aus *sk* ist nicht erwiesen. *gazda*- ist lat. *hasta*, beide aber gehören weniger zu gr. κέντρο-ν (aus σκέντρο-ν) und skr. *kshan* verletzen, als zu skr. *hiṁs* schlagen, verletzen,[4] oder mit skr. *hasta* hand zu gr. χανδάνω faße. Endlich *gáuja*- gehört mit lat. *humu*-s gr. χαμα- zu zend. *zem* erde, weiter aber eher zu skr. *gam* erde, als zu *ksham*.[5]

Die vertretung von altem *sk* durch got. *g* scheint mir also nicht mit so genügender sicherheit erwiesen, daß es gerechtfertigt wäre, *ga* und *cum* zu gr. ξύν zu stellen. Aber auch wenn *cum* kein *s* eingebüßt hat,[6] ist sie sehr bedenklich, da got. *g* = grdsprl. *k* im anlaute sehr unsicher ist.

---

1) Fick s. 72.
2) Oder sollte *gramsta* mit skr. *harsch* in die höhe starren gr. χέρσο-ς starr (Fick s. 70) nahe verwant und aus *ghras-mant-a* entstanden sein?
3) Fick s. 61.
4) Fick s. 70.
5) Fick s. 68.
6) Pott (Et. f. 1². 810—858) stellt als grundform für σύν, *cum* u. s. w. skr. *sákam* auf, und damit ist wol der richtige weg gewiesen. Vielleicht liegt *sákám* ein *samkam* zu grunde, welches in folge der betonung das *m* einbüßte, so daß *sákám* entstand, das dann weiter noch zu *skam* geschwächt wurde. Diesem entspricht gr. ξύν, σύν; in *samkam* ist *sam* acc. vom pron.-st. *sa*, von *kam* regiert (acc. vom pron.-st. *ka*), dem gr. κυμ-, κυν-, κιν (Ahrens Zs. III. 164, Curtius s. 496), lat. *cum* entspricht. Vielleicht ist *samkam* jedoch composition von *sam* und *kam*; bedenklich macht mich bei dieser erklärung nur ved. *aké*, *paráká*, *upáká*.

L. Meyer[1] vermutet es in *giblan-* m. giebel, gipfel, das sich zunächst anschließe an κεφαλή, weiter an skr. *kapála* lat. *caput* und gr. κάμπτειν; dagegen spricht got. *háubida-*, in welchem das *k* regelrecht verschoben ist. Ich vermute, daß *giblan-* mit an. *gafl* ahd. *kabala*, *gabala* gabel zu skr. *jambh* schnappen nach etwas (vgl. *gabhira* tief, *gabhasti* gabel), grdsprl. *ghabh* gehört.[2] Weiter soll *galgan-* m. kreuz, galgen in zusammenhang stehen mit lat. *cruc-s* kreuz und skr. *kruñc* sich krümmen (ferner auch mit skr. *karkaṭa* gr. κάρκινος lat. *cancer* krebs) und ursprünglich vielleicht auf einer intensivform der wurzel *kar* sich krümmen, sich drehen beruhen. Dagegen läßt sich nur sagen, daß diese zusammengehörigkeit durchaus nicht feststeht und sehr unwahrscheinlich ist. Beide beispiele sind jedesfalls nicht geeignet, den übergang von anlautendem grdsprl. *k* in got. *g* zu beweisen.

Wir müßen demnach von der zusammenstellung von *ga* und *cum*, *com-* absehen, zumal da weiter auch die zurückführung beider auf eine urform *sam*[3] unhaltbar ist, und müßen zu der mit skr. *ha*[4] zurückkehren, welches das vorhergehende wort verstarkend hervorhebt. *ha*, ved. *gha* gehört zu einem pron.-st. *gha*, erhalten in lat. *hi-c*, *ho-c*,[5] neben welchem wol auch eine form *ga* aufzustellen ist (vgl. die hierher gehörigen skr. *a-ham* gr. ἐ-γώ lat. *ego* got. *ik*). Zu *gha* gehört auch zend. *gaṭ*, *geṭ* (vgl. auch *paragaṭ*, *peregeṭ*), ebenfalls hervorhebende partikel.

iba vgl. *ibai* und *jabai*.

---

1) G. spr. 25.
2) Fick s. 58.
3) Savelsberg Zs. XVI. 69; das gotische allein spricht dagegen.
4) Benfey, Gloss. zu chrestom. s. 344.
5) Fick s. 67.

inna intus im inneren, innerhalb (auch in *innakunda-*). Über *inna* vgl. *innaþró*.

iupa ἄνω oben, nach oben; vgl. *iupaþró*. Ich bin geneigt, *inna* und *iupa* für alte ablative zu erklären (vgl. die durch sie übersetzten *intus, ἔσω* und *supra, ἄνω*).

ja vaí, sane, ja. Es gehört zum demonstrativen pron.-st. *ja*[1] und entspricht genau gr. ὥς so; die kürzung der ursprünglichen länge findet sich auch in *fra* aus *prá*.

néhva ἐγγύς, prope nahe (alleinstehend oder mit dem dativ verbunden). Es ist wahrscheinlich alter ablativ[2] und gehört zu lat. *nanciscor, nactus* skr. *naç* gr. ἐ-νεγκ-εῖν.[3] Die zusammenstellung mit lat. *nectere*[4] ist sehr bedenklich, da dessen *c* wol aus *gh* entstanden ist.[5] Das *néhva* zu grunde liegende thema *néhva-* scheint durch verstümmelung des suffixes aus *néhvand* hervorgegangen zu sein, vgl. *néhvundjan-*.

sva adv. οὕτως, *sic* (vgl. auch *sva-ei, svah, svaláuda-, svaleika-*). Ihm entspricht genau althat. *svad* vgl. o. *své*;[6] die länge des *a* in den deutschen dialecten beweist natürlich nicht, daß *a* aus *d* verkürzt sei.

ufta πολλάκις, saepe. *ufta* hat mit *uftó, aúftó*[7] nichts zu tun, sondern gehört zu *uf*.[8] **ufta-* (aus *uba-ta* = gr.

---

1) Bopp II. 203 ff., Fick s. 838.
2) Die frühere länge des auslautes ist bewahrt in ahd. *náhô* Notk. org. (Grimm III. 119).
3) Diefenbach II. 109, Fick s. 106. 780, vgl. Ebel Beitr. II. 78. Mit recht stellt Müllenhoff (Haupt Zs. neue folge II. 575) auch unser *genau* hierher.
4) Umbr. sprachdenkm. II. 72, Benfey II. 181, L. Meyer G. spr. 44.
5) Benfey a. a. o., Fick s. 108.
6) Bopp hält *sva* nur für eine verkürzung von *své* (I. 327, vgl. jedoch II. 128).
7) Diefenbach I. 64.
8) Grimm III. 260, Fick s. 703, L. Meyer G. spr. 81. 100.

ὑπα-τό-ς) bedeutet ursprünglich das höchste, dann sehr
groß, sehr viel; ahd. entspricht *oflo*, und die daneben vorkommende form *oftô*[1] beweist die frühere länge des auslautes.

unþa praefix, nur in *unþa- þliuhan* entfliehen II. Kor.
11, 33 und I. Thess. 5, 3, beide stellen nur in cod. B erhalten. Holtzmann (s. 27) bezweifelt die existenz dieses wortes.
An letzter stelle nemlich steht got. *jah unþaþliuhand* dem
gr. καὶ οὐ μὴ ἐκφίγωσιν gegenüber, dort fehlt also die negation. Jener will deshalb lesen: *jah ni gaþliuhand.* II. Kor.
11, 33 übersetzt *jah unþaþláuh* gr. καὶ ἐξέφυγον, wo Holtzmann *jah usgaþláuh* vermutet. Die erste änderung ist sehr
ansprechend und auch graphisch wol zu rechtfertigen; die
zweite aber scheint mir unnötig und um so weniger gerechtfertigt, da *unþu* gegenüber an. *enn* etiam ags. *óđ* donec auf
ein germanisches *antha* hinweisen. Von *und* und *untế* ist
unþa seiner bildung nach zu trennen. Es scheint durch
suffix *ta* (vgl. *afta*) von dem pron.-st. *ana* gebildet zu sein
und ursprünglich die bedeutung 'von jenem weg' gehabt zu
haben. Nahe verwant sind alsdann *and, anda-* und *andja-*.[2]

uta ἔξω, ἔξωθεν draußen, = an. *úti* ags. *úte* as. afr.
úta ahd. *úzc*; vgl. *utaþrô. uta* scheint ablativ zu sein.

vaíla εὖ, καλῶς recht, gut, wol, wolan; auch praefix.
Nach ahd. *wëla, wola* as. *wel, wela, wola* (*wala* Hêl. 1011
cod. M.) ags. *vel* afr. *wel* an. *rel* und *val* ist nicht *váila*,[3]
sondern *vaíla* zu schreiben. Ist aber *ai = ai*,[4] so fällt damit die erklärung von *vaíla* aus *ralja*[5] (indem *j* zurück-

---
1) Grimm III. 119.
2) Vgl. Tobler Zs. VII. 373.
3) Grimm I. 36 (vgl. III. 603), L. Meyer G. spr. 282. 491,
Tobler Zs. IX. 256.
4) Holtzmann s. 11, Schleicher s. 153.
5) L. Meyer G. spr. 491.

getreten und so ein diphthong entstanden sei) von selbst fort. *vaila-* ksl. *vole, vol-je* wol, wolan gehört zu skr. *rar* wählen, *vara* wahl, wunsch, *varam* beßer gr. βόλομαι ksl. *volją* got. *viljan*.[1] *vaila*, über dessen form ich nicht zu entscheiden wage, liegt mit *vole* gr. βέλο-[2] ein thema *vara* zu grunde. In *vaila* übt *l* denselben einfluß, wie sonst *r*, und man könnte deshalb annehmen, daß die entstehung desselben aus *r* im sprachbewustsein noch gefühlt worden sei. Aber in diesem falle würde *l* wol auch sonst einen solchen einfluß auf den vorhergehenden vocal ausüben, und man muß annehmen, daß die wandlung von *i* und *u* zu *ai* und *aú*, welche folgendes *r* und *h* gesetzmäßig bewirkten, anfieng, auch von anderen consonanten herbeigeführt zu werden (vgl. *jaina-, aúftô, baitra-*), als die got. sprache fixiert wurde. Diese gewann dadurch einen festen halt, und die entwicklung solcher lautneigungen ward dadurch gehindert.

vipra contra, erga, praep. c. acc. und praefix.[3] Es gehört zu skr. *vi;*[4] beide büßten anlautenden *t*-laut ein und schließen sich an den stamm des zahlwortes skr. *dva* got. *tva-* an. *vipra* ist wahrscheinlich alter ablativ.

hváiva πῶς, ὡς, wie. Die trennung von *hváiva* in *hva-iva* und die zusammenstellung dieses *iva* mit skr. *iva*[5] ist (auch wenn *iva* aus *ivant*[6] entstanden ist und ihm so

---

1) Fick s. 181, vgl. Ebel, Zs. XIV. 80; Ahrens, Zs. VIII. 358 stellt *vaila* u. gr. μάλα lat. *melior* zusammen; vgl. dagegen Curtius s. 543, Corssen Beitr. 239.
2) J. Schmidt, Zs. XIX. 383.
3) *vipra* entspricht an. *viðr* as. *widar* ahd. *widar* afr. *withir* ags. *vider*. Daneben findet sich gleichbedeutend an. ags. *vid* as. *wið* afr. *with;* diese gehören zu einem thema *vita* (vgl. skr. *dvitá*), jene zu *vitra*.
4) Benfey I. 58, Bopp II. 27 f., Pott Et. f. I². 722, Diefenbach I. 251, Fick s. 874, L. Meyer G. spr. 321, Curtius s. 255.
5) Bopp II. 202, L. Meyer G. spr. 331.
6) Benfey Gloss. z. chrestom. unter *iva*.

ein got. *iva* entsprechen könnte) sehr bedenklich, denn *iva* ist eine specielle skr. bildung, selbst im zend. nicht erhalten.¹ Aber auch *hváiva* zu lat. *ceu* (aus *ceve* oder *céve?*)² zu stellen, ist sehr gewagt; dagegen spricht das inlautende *ái* und das auslautende *a*. Es bleibt nur die ansicht Grimms³ übrig, daß *hváiva* aus *hvé-áiva* entstanden sei. Die vermutung mag hier noch platz finden, ob in *hváiva* vielleicht ausfall eines *h* anzunehmen und in ihm eine verbindung von zwei an den stamm *hva* sich anschließenden bildungen zu erkennen sei.

ufarjaina (II. Kor. 10, 16) darüber hinaus; es scheint nichts anderes als eine enge verbindung von *ufar* und *jaina* (acc. pl. n.) zu sein, vgl. gr. ὑπερέκεινα, ἐπέκεινα.

Es sind noch übrig: *aftana, hindana, innana, iupana, utana, samana.*

aftana (Mark. 5, 27) ὄπισθεν von hinten.⁴

hindana (Mark. 3, 8) hinter, jenseits.⁵ Es gehört mit *hindar* zum pron.-st. *ki* (vgl. *ci-s, citra* gr. ἐ-κεῖ), an welchen zunächst suffix *na* (vgl. ἐκεῖνο-ς), dann *ta* trat.

innana ἔσωθεν, ἔσω innerhalb,⁶ II. Kor. 7, 5; c. gen. Mark. 15, 16.

*iupana*⁷ (Gal. 4, 9) ἄνωθεν von alters her.

---

1) Schon Graff (IV. 1193) hat sich gegen die ansicht Bopps ausgesprochen; ahd. *hweo* kann jedoch nicht *hváiva* sein, dem nur ein *hwé(w)o* entsprechen könnte. '*icieo* bei Notker beweist wie *ieo* nur zweisilbige aussprache' (Scherer s. 425).
2) I. Meyer a. a. o.
3) III. 168, vgl. 135.
4) *aftana* = an. *aptan* as. *aftan* ags. *äftan*.
5) *hindana* = ags. *hindan* ahd. *hintana*.
6) *innana* = an. *innan* ahd. *innana, innan, innin* ags. *innan* afr. *inna*.
7) *iupana* = ags. as. *uppan* ahd. *ûfana* afr. *uppa, oppa*.

utana [1] *ἔξωθεν, ἔξω* von außen, außerhalb, aus (c. gen.).
samana [2] zusammen, gemeinschaftlich, zugleich. Das auslautende *na* ist wahrscheinlich das suffix *na*, welches im skr. in verschiednen formen zur bildung von adverbien verwant wird,[3] z. b. *adhunâ, sanâ, vinâ* (instr.), *sanât* (abl.).[4] Man könnte versucht sein, in diesen wörtern acc. sg. masc. zu erkennen; allein dagegen spricht die bedeutung und die entsprechenden wörter der deutschen dialekte. Jene ist entschieden ablativisch, und ich trage kein bedenken, sie sämmtlich für ablative zu erklären.

Das in *þan-a, it-a* suffigierte *a* wurde bereits oben s. 7 erwähnt.[5]

Endlich bleibt noch eine partikel *na* übrig, welche Uppström in den got. text aufnehmen will. Luk. 14, 31 heißt es: Ἢ τίς βασιλεὺς πορευόμενος ἑτέρῳ βασιλεῖ συμβαλεῖν εἰς πόλεμον οὐχὶ καθίσας πρῶτον βουλεύεται, εἰ δυνατός ἐστιν ἐν δέκα χιλιάσιν ὑπαντῆσαι τῷ μετὰ εἴκοσι χιλιάδων ἐρχομένῳ ἐπ' αὐτόν. Der cod. arg. bietet dem gegenüber: *aiþþau hvas þiudans gaggands stigqan viþra anþarana þiudan du vigā na niu gasitands faurþis þankeiþ, siaiu mahteigs miþ taihun þusundjom gamotjan þamma miþ tvaim tigum þusundjo gaggandin ana sik.* — *vigā* steht am ende der zeile (der strich über *a* = *n*), und die folgende zeile fährt mit *na* fort. Uppström erklärt: *du vigan* sc. *ina* =

---

1) *utana* = an. *útan* as. ags. *útan* ahd. *ûȥana, ûȥan.*
2) *samana* = an. as. ahd *saman* fries. *samin, semin.*
3) L. Meyer G. spr. 223.
4) Vgl. lat. *externu-s, subternu-s, supernu-s, infernu-s* u. a. L. Meyer Vgl. gramm. II. 566.
5) Ich vermute, daß hierher auch das mhd. seit dem ende des 12. jahrh. substantiven, imperativen und partikeln suffigierte *â* (vgl. Zingerle, Pf. Germ. VII. 257 ff.) zu ziehen ist. Dietrich erkennt dieses auch auf einem 1863 in Skodsborg Sogn ausgegrabenen bracteaten (*vina* = *vinn-a* imper., Pf. Germ. X. 293).

um ihn zu bewegen, zu vertreiben, und *na* = ahd. *na*, jedoch in der bedeutung *profecto* fürwahr. Massmann emendiert *du v[e]igan [i]na*. Heyne schreibt *vigana*, dat. sg. eines masc. *vigans* kampf. Alle drei ansichten befriedigen nicht; ich würde *viganna* für einen flectierten infinitiv erklären,[2] *vigan* im sinne von pensare 'abwägen, überlegen'[3] nehmen und in *du viganna* eine in den text geratene, mit *gasitands* zu verbindende glosse sehen, wenn die annahme eines flectierten inf. im got. nicht zu bedenklich wäre.

§ 3.
Die auf *i* auslautenden partikeln.

bi[4] praep. c. dat. u. acc. bei, um; auch praefix. Ihm entspricht skr. *abhí*.[5] Es ist ein grundsprachliches *abhi* und *ambhi* aufzustellen; diesem entspricht gr. ἀμφί lat. *ambi-*, *amb-* und das germ. *umbi*,[6] jenem skr. *abhí* zend. *aiwi* germ. *bi* ksl. *obŭ, o, ob-*. Oben ist bereits die vermutung ausgesprochen, daß *bi* zum zahlworte grdsprl. *abha*[7] gehöre; auch neben diesem ist eine form *ambha* aufzustellen. Dazu gehört skr. *ubha*,[8] *ubhaya* zend. *uba* gr. ἄμφω lat. *ambo*, während an *abha* lit. *abù, abeji* ksl. *oba, oboj* got. *ba-* und *bajóþ*[9] sich anschließen. Jedenfalls liegt beiden, *abha*

---

1) Graff II. 968.
2) Vgl. Grimm I. 941; er übersetzt *du viganna* aber *ad pugnandum* was ebenfalls möglich ist.
3) Vgl. ahd. *wegan* Graff I. 655.
4) got. *bi* = as. *bi*, *be* ags. *be, bi, big* (= *bij*) afr. *bi, be* ahd. *pi, pî* u. s. w. vgl. Graff III. 5.
5) Diefenbach I. 293, L. Meyer G. spr. 60. 407.
6) Fick s. 703.
7) Fick s. 11.
8) Über *u* = *am* Kuhn Beitr. 1. 355 ff.
9) *bajóþ-* scheint aus *abhajavant* gebildet zu sein, vgl. skr. *ubhayavant*.

und *ambha*, eine form zu grunde. Got. *bi* gegenüber skr. *abhí* zeigt deutlich, daß die einbuße des anlautenden *a* eine folge der accentuation war, und wenn man *ubhá*, *ubháya*, *abhí*, ἀμφί, *ba*- und *bajôþ*- (ebenfalls mit einbuße des anlautenden *a*) vergleicht, so wird man versucht, ein grdsprl. *ambhá* allen den obigen wörtern zu grunde zu legen. Das got. weist auf oxytonierung hin, und dann kann *abha* keinesfalls die ursprüngliche form sein. *abhi* ist locativ von *abha*.

fri praefix, nur in *frishati*- bild, beispiel, rätsel; die verwantschaft von *fri* und *fra* liegt auf der hand. Wie dieses wahrscheinlich auf *para* zurückgeht, so liegt *fri* ein *pari* zu grunde, vgl. skr. *pari* gr. περί. Sie sind locative und eine andere form scheint skr. *pare* gr. παραί lat. *prae*[1] zu sein. Dazu gehört auch altlat. *pri* (*pri enim antiqui pro prae dixerunt*- Fest. 226).[2] Vermutlich gehört *fri*- direct zu diesem *pri*, wozu weiter auch lit. *pri* ksl. *pri*, älter *pari*, *parai*.

hiri adv. δεῦρο komm, hierher; dazu *hirjats* dual (Mark. 1, 17) und *hirjiþ* plur. Mark. 12, 7.

Um das fehlen der brechung von *i* zu *ai* vor *r* zu erklären, hat man einbuße eines *t*-lautes angenommen und *hiri* zu *hidré* gestellt.[3] Aber die synkope eines *t*-lautes, wenn auch sonst nicht zu bezweifeln, läßt sich vor *r* doch nicht nachweisen, und die verbindungen *dr*, *þr* sind im got. beliebt. Das *i* ist nicht gebrochen, weil es aus *é* entstanden ist (vgl. *birusjôs* aus *bérusjôs* Luk. 2, 41), und *hiri* gehört zu *hér*.[4] Was das auslautende *i* betrifft, so weisen der dual *hirjats* und der plur. *hirjiþ* darauf hin, daß in

---

1) Vgl. jedoch Zeyss Zs. XVI. 373.
2) Corssen Beitr. s. 433.
3) Grimm III. 246, Ebel Zs. V. 236 f., L. Meyer G. spr. 410.
4) Holtzmann s. 7.

hiri eine verstümmelte imperativform vorliegt, und es für *hérei* steht. Schwerlich aber wird man annehmen dürfen, daß ihm ein gewöhnliches s. g. schwaches verbum zu grunde liegt, da der begriff des gehens deutlich darin zu tage tritt. Bopp[1] zieht deshalb mit recht das *i* zu skr. *yâ* gehen: 'Nimmt man eine kürzung von *yâ*, wofür man *jô* zu erwarten hätte, zu *ja* an, wie lat. *dâ* sich zu *da* gekürzt hat, so muß *ja* in seiner conjugation der analogie des klassencharakters sowol der starken als der schwachen conjugation folgen.'

hvi-, praefix in *hvileika*-, ist aus *hvé* entstanden, vgl. dieses.

ní, negationspartikel, nicht; damit mögen zugleich auch *né* und *nei* besprochen werden. *n^d* nein, nicht; *nei* fragepartikel *οὐχί* (II. Kor. 3, 8; Skeir. 38 erscheint gleichbedeutend *né*). Obgleich es möglich wäre, alle drei wörter auf eine form zurückzuführen (*né* oder *nei*), so wird man doch, da drei bildungen möglich sind und die verwanten sprachen sie reflectieren,[2] sie trennen müßen.

ni = skr. *na* lat. *ně* (*nefas, nefastus* u. a.), *ni* (*ni-si*), *ně* (fragepartikel) ksl. *ne* lit. *na*-,[3] *nè*.

né = ved. *nâ* gr. *νη* (in *νηκέρδης, νήποινος*).

nei ist wahrscheinlich aus *nai* entstanden, vgl. *hveita* = skr. *çveta, veihs* = gr. *Φοῖχο-ς, eisarna*- neben *ais*- skr. *ayas*. So vergleicht sich im lat. *nē* älter *nei*.[4]

Wahrscheinlich liegt diesen wörtern der pron.-st. *na* zu grunde.[5] Hierzu gehören auch gr. *ναί* lat. *nae, ně* ja,

---

1) I. 234, II. 216; vgl. L. Meyer G. spr. 294. Jedesfalls gehört *i* eher zu skr. *yâ* als zu *i* (vgl. Scherer s. 204).
2) Curtius s. 295.
3) in *na-baga-s* ohne habe, Fick s. 106.
4) *Vectigal invitei dare nei debento*, inscr. Orell. nr. 3121; *is eum agrum nei habeto nive fruimino*, ib.; daraus wird das got. *nei* genau entsprechende *ni*.
5) Benfey II. 45, Bopp II. 180.

fürwahr. *né* und die entsprechenden wörter sind vermutlich instrumentale, *nei* locativ.

své- praefix, nur in *svikunþa-*; es ist verkürzt aus *své*, wie *hvi* aus *hvé*. Die form *své* findet sich noch im dat. *svékunþamma* Luk. 8, 17.

Vergleicht man *filigrja-* n. latibulum mit *galigrja-* n. concubitus, so wird man dazu gedrängt, jenes von *filhan*[1] zu trennen.[2] Ich teile *fi-ligrja-* (*ligrja-* vgl. *ligra-* lager zu *ligan*) und stelle *fi* = gr. ἐπί zend. *aipi* skr. *api*,[3] für welches letztere auch sehr oft die verkürzte form *pi* erscheint; dadurch wird 'das einzige beispiel eines euphonischen hilfsvocals im got.' beseitigt.[4] *filigrja-* bedeutete ursprünglich das, worauf man ruht, dann wol das lager, das versteck der tiere.

§ 4.

Die auf *u* auslautenden partikeln.

u enklitische fragepartikel. Die zusammenstellung von *u* mit skr. *an* gr. ἄν lat. *an*[5] ist sehr bedenklich, da im got. sich neben *u* auch eine fragepartikel *an* findet, und jenem zunächst gr. *υ* in πάν-υ, ο-ὔ-τος skr. *u* entspricht.[6] Diese aber scheinen eher aus *va* als aus *an* entstanden.[7] Enklitisches *u* zeigt auch das lat., wo es als aus *ve* entstanden erwiesen wird durch *seu* neben *sīve*, *neu* neben *nēve*. Diesem *ve* entspricht skr. *vâ* gr. *Fε* in homer. *ἠέ* aus *ἠ̣Fέ*[8]

---

1) L. Meyer G. spr. 50.
2) Holtzmann s. 7.
3) Vgl. ib w. u.
4) Holtzmann a. a. o.
5) Kuhn Beitr. I. 366, Scherer s. 112.
6) J. Schmidt Zur gesch. des ig. vocal. s. 152, Curtius s. 126.
7) Benfey I. 272, L. Meyer G. spr. 423.
8) Fick s. 187

mit vocalischem vorschlag,[1] und wie im lat. *re* zu *u* wurde, so ist dasselbe auch im gr. der fall. Skr. *rá* hat u. a. die bedeutung wie, gleichwie; ihm entspricht also genau gr. ἤ-υ in ἠΰ-τε.[2] Es entstand ebenfalls mit prothetischem vocal aus *ra*, indem dann *ra* zu *v* wurde, wie etwa in πέρ-υτι, πέρ-υσι aus *parvat*, πίσυρ-ς aus πίτϝαρ-ες, ὕδατ- aus *Fádat-* (vgl. got. *vatan-*), und dieses *v* wurde mit dem η nicht verbunden, vgl. αὐτή aus ἀ-ϝυ-τή, ἄϋυρον = ἀ-ϝιυρο-ν.[3] Daß im skr. *u* aus *va* entstand, steht fest, vgl. *ku* aus *kva*, *uhyate*, pass. zu *vah*, *ucyate*, pass. zu *vac*, *ukta* für *vakta* u. a. Im got. findet derselbe übergang statt in *fidúr-* aus *fidvôr-*,[4] in *sútja-* aus *svótja-*, in *hunda-* aus *kvanta*,[5] in *niu* = skr. *nava* (vgl. *niu-klaha-*). Wir dürfen den übergang von *va* in *u* wol schon der indogermanischen grundsprache zusprechen und erhalten damit die berechtigung, *u* auf älteres *va* zurückzuführen.[6] Allen den obigen *u* und *va* scheint die form *vâ* zu grunde zu liegen.[7]

du 1) adv. hinzu 2) praep. c. dat. u. acc. (Joh. 16, 32) πρός, εἰς, ἐπί 3) praefix. Die zusammenstellung mit gr. -δε (z. b. in οἶκόν-δε) lat. *do* in *endo*, *indu*, wozu ahd. *za*

---

1) Über prothetischen vocal vor digamma vgl. Curtius s. 530.
2) Vgl. Sonne Zs. XII. 277.
3) Curtius s. 258, Fick s. 23. 491.
4) L. Meyer G. spr. 240.
5) Vgl. skr. çvan gen. çunás gr. κυνός, lit. szuni-s, apreuß. suni-s hund; skr. çûnya ksl. suj gegenüber gr. κενεό-ς aus κϝενεό-ς (Fick s. 52).
6) Got. *u* liegt keinesfalls weit von skr. *u*, dieses nicht weit von *râ* ab; vgl. z. b. *u-u* eines teils — andern teils, und *vâ-vâ* entweder — oder, sowie die verwendung von *u* und *vâ* hinter interrogativen pronominibus.
7) Nach Benfey a. a. o. instrumental eines pron.-stammes *va*, zu welchem viele fragewörter gehören. Ursprünglich mag er zur bezeichnung einer ähnlichkeit gedient haben.

und *euo* as. afr. *tô*, *te* ags. *tô* gehören,[1] ist nicht richtig. Zunächst läßt sich got. *d* = grdsprl. *d* im anlaute nicht mit sicherheit beweisen; die zusammenstellung von got. *daili-mit* skr. *dala* teil, stück[2] steht durchaus nicht fest; ich stelle es (mit lit. *dalà* ksl. *dêlu* gadh. *dâla*) zu skr. *dhar* halten, caus. besitzen, erhalten, zend. *dar* erhalten, ursprünglich mit der bedeutung 'anteil'. *diupa*- tief und *dáupjan* taufen gehört nicht zu gr. δύπτειν und δύεσϑαι sich hineinbegeben, eindringen,[3] sondern zu gr. τάφρος, τάφος, ϑάπτω.[4] Weiter sehen wir in den deutschen dialekten die verschiebung von *d* zu *t* regelrecht vollzogen, und es wäre (wenn got. *du* = gr. -δε) unerklärlich, warum das got. den ursprünglichen laut bewahrt habe. Auch dem an. fehlt ein dem ahd. *za*, *zuo* entsprechendes wort, und ein germanisches *tâ* läßt sich nicht erweisen. Ich trenne demnach das got. *du* von gr. -δε und stelle es zu skr. *dhâ* in *purudhâ*, *çaçvadhâ*, *úrdhvadhá*, *viçvadhâ*. Neben letzterem erscheint auch *viçrahâ* mit *h* für *dh*, wie in *iha*, *kuha*, deren *ha* aus *dhâ* entstand, vgl. *adhâ* und *adha*, *saha* und *sadha*.[5] Dazu gehört *dhi* in *adhi* als locativ, *dhas* in *adhas* als ablativ. Griech. vergleicht sich ϑα in ἔνϑα, ἐνταῦϑα, ϑεν in ἔνϑεν, ἐντεῦϑεν, ϑι in αὐτόϑι.[6] Im zend. *qafnâdha*, *ashyâdha*, *âkhstaêdha* sind ablativformen mit suffix *dha* erhalten, welches sich, wie in *adha* = skr. *adha*, *idha* = skr. *iha*, dem skr. *dha* vergleicht, und wenn man mit recht in den casussuffixen pronominale formen vermutet, so dürfen wir hierauf gestützt

---

1) Curtius s. 219. Auch die vermutung Grimms (III. 254), daß *du* = *at* sei, ist nicht annehmbar.
2) Schleicher s. 318.
3) L. Meyer G. spr. 116.
4) J. Schmidt Zur gesch. des ig. vocal. s. 164.
5) Benfey Gramm. s. 237.
6) Vgl. hom. Ἀβυδόϑι, οἴκοϑι, Ἰλιόϑι, νειόϑι, οὐρανόϑι und Ἰλιόϑεν, οἴκοϑεν, οὐρανόϑεν, κλισίηϑεν, πατρόϑεν, νειόϑεν, οἰόϑεν.

einen pron.-st. *dha* annehmen, zu welchem alle die obigen formen gehören.¹ Damit ist jedoch nicht verwant ksl. *do* lit. lett. *du*, wie lit. *kada* ksl. *kŭda* dem skr. *kadá* lat. *quandō* gegenüber deutlich zeigt, und gäl. *du*, *do* kymr. *di* ² nur unter der voraussetzung, daß ihr *d* aus *dh* entstand. Scherer (s. 305) ist das got. *u* auffallend, und er vermutet eine grundform *dva*, wodurch man auf einen 'arischen stamm *adhva* oder *atva* komme, der in allen (bisher betrachteten) formen sein *v* eingebüßt habe.' Diese vermutung ist aber eben so unbegründet als unnötig. *ju* = lat. *jam* zeigt, daß der schließende nasal die färbung des vorhergehenden vocals bestimmte (vgl. auch ahd. *wigu* aus *vaghámi*), und so wird man in *du* zunächst älteres *dham* erkennen dürfen, das als acc. zu dem pron.-st. *dha* gehört, dessen instrum. *dhá*, abl. *dhas* (gr. ϑεν),³ loc. *dhi* ist.

filu πολύ, λίαν, σφόδρα, ist die adverbial gebrauchte neutralform des adj. *filu-s* (gen. *filaus* ebenfalls adverbial gebraucht) = skr. *puru* zend. *pouru*, *paru* apers. *puru* gr. πολύ-ς.⁴

inu sine, ἄνευ; daneben erscheint *inuh* = *inu-úh*. Ihm entspricht ahd. as. *âno* an. *án*, demnach ist *i* aus *ê* verkürzt.⁵ Eine ältere form *ána* zeigen die kleineren alt-

---

1) Dadurch wird auch die ansicht L. Meyers (G. spr. 116) vermittelt, welcher *du* zu skr. *ádhi* mit einbuße des anlautenden *a*, wie in *bi* = *abhi*, stellen will; direct ist das unmöglich wegen des got. *u*, und die einbuße eines anlautenden *a* ist wegen der betonung des skr. wortes unwahrscheinlich.
2) Ebel, Beitr. I. 312.
3) Schleicher s. 535.
4) Schweizer Zs. II. 366, Fick s. 119. Nach Ebel Beitr. I. 310, VI. 7 gehört hierher gäl. *il* statt *pil* (*ilar* multitudo, *ilde* pluralis).
5) Holtzmann s. 7.

niederdeutschen denkmäler,[1] weshalb man wol den deutschen wörtern *ánā* zu grunde legen darf. Nahe verwant sind gr. *ἄνευ*,[2] dor. *ἄνις*, ksl. *v-ănŭ*, apreuß. *w-ina*,[3] die mit dem pron.-st. *ana* zusammen zu hangen scheinen.

ju ἤδη, δή. Ihm entspricht genau lat. *jam*[4] lit. *jau* ksl. *u(-zĕ)* mit einbuße des anlautenden *j*, das sich wol nur noch in der verbindung *ne ju*, neben *nc-u οὐδέπω* findet.[5] *ju* entstand aus *jam* durch einwirkung des nasals, wie in *áinummêhun* neben *áinamma, tunpus* skr. *dant*.[6]

Daß zu lat. *jam* got. *ju* auch gr. *δή* gehöre, scheint mir festzustehen, eben so, daß diese nicht zu grdsprl. *div tag*,[7] sondern zum pron.-st. *ja*[8] gehören, denn einbuße eines anlautenden *t* vor *j* läßt sich im got. nicht nachweisen.[9]

nu νῦν, ἄρτι, οὖν, δέ, ὥστε.[10] *nu* ist = skr. *nu* gr. *νὔ*; dazu skr. zend. *nū* lat. *nū* in *nū-diu-s* gr. *νῦ-ν-ί, νῦν* skr. *nū-nam* an. *nūna* und lat. *num, nun-c* ksl. *nynĕ*.[11] Der unterschied von *nu* und *nū* scheint nur auf einer wirkung des logischen accentes zu beruhen; in lat. *num* liegt ein acc. vor,[12] und wie *tum* zu dem pron.-st. *ta*, so gehört

---

1) *ána* extra vel praeter gl. Lips. 62, vgl. ps. 62, 2.
2) aus *ἄνεμ, ἄνεϝ*?
3) Fick s. 339.
4) Grimm III. 250.
5) J. Schmidt Beitr. VI. 130.
6) J. Schmidt Zur gesch. des ig. vocal. s. 148. 150.
7) Benfey II. 209, Corssen Beitr. 503, L. Meyer G. spr. 423.
8) Bopp. II. 203, Curtius s. 581 f.
9) Die identität von *ju* und *jam* lit. *jau* ist ein beweis mehr dafür, daß *jam* nicht aus *jamen* entstanden ist; vgl. Corsen Beitr. s. 272 ff.
10) mit vorgesetztem artikel auch subst. und adject. gebraucht.
11) Curtius s. 297, Fick s. 113.
12) Corssen Beitr. 290 f.

num zu *na*,[1] neben dem sich die form *nu*[2] aber schon sehr früh entwickelt haben muß. Das skr. *nûnam* gr. *νῦνί* au. *nûna* entstand, indem an *nû* derselbe pron.-st. *na* verstärkend trat[3] (vgl. skr. *cana* got. *hun*); lat. *nunc* aber ist aus *num-c* wie *hunc* aus *hum-c*, *tunc* aus *tum-c* entstanden.

nunu oὖν demnach, also;[4] es scheint, da man ihm skr. *nûnam* nicht direct vergleichen darf, verdoppeltes *nu* (das zweite verstärkend) zu sein.

Auslautendes *u* findet sich endlich noch in *þannu* darum, so, wol, also = *þan-nu*[5] und in *niu*, fragepartikel, = *ni-u* nicht wahr?

§ 5.
Die auf *ei* auslautenden partikeln.

ei 1) conj. *ἵνα* daß, damit 2) fragepartikel ob 3) relativpartikel, entweder alleinstehend oder an pronomina und partikeln gehängt.[6] In mehreren wörtern, wie *akei*, tritt eine relative bedeutung des *ei* nicht zu tage, sondern es steht nur verstärkend, wie in ahd. *thizi*, *dezi*,[7] während in

---
1) Bopp II. 179.
2) Darauf geht auch grdsprl. *nava* neu, jung zurück.
3) Fick s. 113.
4) Phil. 4, 4 am anfange eines positiven imperativischen satzes, sonst nur in verbietenden zwischen *ni* und dem verbum.
5) Mit *þannu* darf man ahd. *danne* nicht zusammenstellen.
6) an partikeln: *suns-ei* sobald als, da; *faúrþizei* (*faúrþizê* Mark. 14, 72, Luk. 2, 26) bevor, ehe; *akei* (*aké* Gal. 2, 14) *ἀλλά, δέ*; *miþþanei* (*miþþanê* Luk. 2, 43) *ἡνίκα, dum*; *svaei* (II. Kor. 8, 13 *sva* und *ei* durch *áuk* getrennt) so daß, so wie, daher; *þanei* wenn; *þadei* wohin, dahin wo (nach *þishvadúh* = *þei*); *þarei* oὗ, ὅπου; *þatainei* (Skeir. 37 *þatáinê*) *μόνον* nur; *þaþröei* (Phil. 3, 20) *unde*; *þéei* damit, dadurch, deshalb; *þatei* damit, daß, weil, ob (adverbiell gebrauchtes ntr. von *saei*); *þammei* darüber, dazu daß (adverb. dat. sg. n. von *saei*).
7) Scherer s. 385.

daʒi, dari des muspilli (v. 10. 14) ein relativer wert sich noch erkennen läßt. Aber a potiori ist *ci* für eine relative partikel zu erklären; dafür spricht, daß es allein stehend mit bezug auf ein vorhergehendes demonstrativum das relativum vertritt; dieser gebrauch ist sicher der ursprüngliche. Daraus entwickelte sich dann das got. relativpron. *saei* und *izei*, indem das demonstr.-pron. zur näheren bestimmung vor die partikel trat.[1] Während man, auf den gebrauch des *ci* als verstärkender enklitika gestützt, es zum gr. ι in $ο\dot{υ}τος$-$\acute{\iota}$ zend. $\bar{\iota}$ in $hyat$-$\hat{\imath}$[2] stellen und damit auf den pron.-st. *i* zurückführen dürfte,[3] so spricht die relative bedeutung des *ei* entschieden dagegen, denn, so viel ich weiß, wird *i*, pron.-st. der III. pers., nirgends relativ gebraucht. Scheinbar könnte dafür die an. relative partikel *es, er* sprechen, wenn sie zum pron.-st. *i*[4] gehörte. Vermutlich schließt sie sich jedoch an den relativen pron.-st. *ja* an (es = jis vgl. enn = got. jains). Hierzu gehört am wahrscheinlichsten auch *ei*,[5] welches in der bedeutung 'daß, damit' mit skr. *yad* übereinstimmt. Den gebrauch des relat. im zend, wo es zum demonstrativum tretend dieses selbst relativ macht,[6] möchte ich nicht direct vergleichen. Im got. scheint mir vielmehr (s. o.) entweder das demonstrativum vor die relative partikel zu deren näherer bestimmung oder die relative partikel an ein relativ gebrauchtes wort z. b. *mippan* zur hervorhebung der

---

1) Umgekehrt ist es im as., wo die relative partikel *the* durch das dahinter tretende pron. näher bestimmt wird, vgl. Hél. v. 1. 1308. Das ags. hingegen, welches mit dem as. im gebrauche dieses *thc* übereinstimmt, setzt das pron. davor, vgl. Beóv. v. 103. 1446; dieser gebrauch ist also dem got. *saei, sóei, patei* ganz analog.
2) Fick s. 22.
3) Grimm III. 14 ff. 163; Aufrecht Zs. I. 286.
4) Grimm III. 164.
5) Bopp II. 171, L. Meyer G. spr. 470, Fick s. 157.
6) Justi s. 239.

relativen bedeutung zu treten. Aus dieser kann sich dann sehr wol auch der verstärkende gebrauch der enklitika entwickeln z. b. *patáin-ci* das allein, was = das nur, *dezi* das ist es, was = das nur.

Gehört *ci* zum pron.-st. *ja*, so gieng *ei* aus *ja* durch die mittelstufe *ji* hindurch, indem *j* das *a* zu *i* verwandelte, wie in *harji-s* (aus *harja-s*), *hairdeis* (aus *hairdja-s*), *niujis* (aus *niuja-s*).[1] Ob in ihm nun ein abl. *ját*[2] oder das neutr. *jad* vorliegt, wage ich nicht zu entscheiden; letzteres ist mir das wahrscheinlichste.

þei ὅτι, ἵνα; hinter *sahvazûh*, *þatahvah*, *þishvadûh*, *þishvah*, *þishvarûh* gibt es diesen die bedeutung allgemeiner relativa.

Obgleich I. Kor. 16, 6 cod. B *þê* statt *þei* zeigt und statt *þê* auch *þei* erscheint (vgl. *duþê*), so sind doch beide begrifflich verschieden und nicht zu identificieren. Ich erkenne in *þei* einen instrumental des pron.-st. *tja*,[3] indem *tjâ* durch die mittelstufe *tji* oder *tia* zu *þei* wurde. Der einwand, daß der pron.-st. *tja* im got. sonst nicht vorkomme, fällt nicht schwer ins gewicht, da dieser den deutschen dialekten wol bekannt war, und die ansicht, daß

---

1) Aus diesen nominativen schließen zu wollen, daß im nom. sg. der *a*-stämme *a* nicht ohne weiteres ausgefallen, sondern zunächst zu *i* geschwächt, *vinds* also nicht direct aus *rinda-s*, sondern aus *vindi-s* entstanden sei (L. Meyer Flex. der adj. s. 28, G. spr. 369), scheint mir doch zu kühn. *harji-s* entstand aus *harja-s*, indem *j* das *a* zu *i* verwandelte, und dieses blieb, weil es als jüngerer laut gefühlt wurde. Hier sehen wir deutlich die gründe, welche *a* in *i* verwandelten und die einwirkung des vocalischen auslautgesetzes hinderten. Wäre *vinds* aus *rinda-s* durch die mittelstufe *vindi-s* entstanden, so wäre weder die verwandlung von *a* zu *i*, noch weniger aber (*harjis* gegenüber) die einbuße des letzteren zu begreifen.

2) Scherer s. 383.

3) L. Meyer G. spr. 470; vgl. o. *þê*.

— 89 —

þei aus þa-ei (þa neutr. des pron.-st. ta) entstanden sei,[1] scheint mir nicht richtig. þatei ist allerdings aus þata-ei, þammei aus þamma-ei entstanden; allein dieses a schwindet auch vor ûh (þatúh, þammúh), offenbar in der weise, daß die ursprünglich selbständig betonte partikel das tonlose a verdrängte. Ein þá ei jedoch hätte nicht zu þei werden können, wie saei aus sá ei deutlich zeigt.

váinei ὄφελον, utinam. váinei zum mhd. optativischen wan zu stellen,[2] ist unstatthaft, da dieses = ahd. hwantani ist,[3] und es in váin-ei zu trennen,[4] nützt zu nichts. Ich trenne vái-nei und sehe in vái die klagende interjection als ausdruck der sehnsucht des wunsches,[5] in nei das fragende nicht?; z. b. Gal. 5, 12: váinei jah usmáitáindáu þái dróbjandans izvis ach möchten sie nicht ausgeschieden werden, die euch irre machen? = wenn sie doch ausgeschieden würden u. s. w., oder I. Kor. 4, 8: váinei þiudanôdédeiþ, ei jah veis izvis miþ þiudanôma ach möchtet ihr nicht so geherrscht habet? = wäret ihr doch die herren![6]

váitei τυχόν, μήτι vielleicht, etwa; es ist = vait-ei er (guþ) weiß, ob,[7] woraus vielleicht, ob wurde.

§ 6.
Die auf ái auslautenden partikeln.

ibái 1) fragepartikel ob, denn, etwa 2) conj. μή, ἵνα, μήπως. Dafür erscheint auch iba (Luk. 17, 9. Gal. 6, 1 cod. A). Obwol ibái und iba die obigen und andere griech.

---

1) J. Schmidt Zs. XIX. 284.
2) Grimm III. 303.
3) Müller Mhd. wb. III. 500.
4) L. Meyer G. spr. 470.
5) Grimm a. a. o.
6) váinei steht bei praes. oder praet. optat.
7) Grimm III. 761, L. Meyer G. spr. 470.

negative wörter übersetzt, so scheint es doch, in hinsicht auf seinen interrogativen wert, negative bedeutung ursprünglich nicht gehabt zu haben. Es steht namentlich nach den verben des sich fürchtens und verhütens,[1] und während der Grieche das object durch einen subordinierten satz ausdrückte, tat es der Gote durch einen coordinierten z. b. *atsaihv þuk silban, ibái jah þu fráisáizáu* achte auf dich selbst, auch du möchtest etwa versucht werden = hüte dich, daß du nicht auch versucht werdest. So erklärt sich die auf den ersten blick etwas befremdende erscheinung der verschiedenen bedeutungen. Eng zu *ibái* und *iba* gehören:

jabái si, etsi (*jabái — aíþþau* entweder — oder), öfters in der verbindung *þáuhjabái = tametsi*.

nibái und *niba* nisi (auch in der frage: doch nicht etwa?).

nibái[2] ist aus *ni-ibái* entstanden, wie *ni-ist* zu *nist* wird; es bleibt für uns also *ibái* und *jabái* übrig. Sie zu den pron.-stämmen *i* und *ja* zu stellen, ist sehr bedenklich,[3] sowol wenn man *iva, java* zu grunde legt, da dann das *i* nicht erklärt ist, als wenn man *bái* und *ba* auf eine grundform *bhaja* (vgl. lat. *ubci*) zurückführt,[4] da sich dieses suffix nicht mit genügender sicherheit beweisen läßt. Außerdem hat Grimm[5] bereits darauf aufmerksam gemacht, daß *ibái* von dem pron.-st. *i* abzuleiten, schon wegen der bedeu-

---

1) Schulze Got. wb. s. 100.
2) Ihm entspricht as. *neba, nebo, nebu* ahd. *nibu, nipu, nuba* u. s. w., welche dagegen sprechen, ahd. *ipu* auf got. *jabai* zurück zu führen, wozu das fehlen des umlautes (vgl. *këpu* got. *gibái*) verleiten könnte.
3) Bopp II. 201; III. 484 läßt er es dahin gestellt, 'ob das got. *iba* von *n'-iba* eine zusammenziehung von *ja-ba* sei, oder ob sein *i* zum stamme des skr. *it* gehöre.'
4) Scherer s. 278.
5) III. 110.

tung von zweifel, die in der wurzel der partikeln *ibái* und *jabái* zu walten scheine, bedenken mache, und sie auf ein fem. *iba dubium, *ibái* als dat., *iba* als acc. zurückgeführt.[1] Dieses ist im ahd. auch erhalten; Graff[2] gibt ihm die bedeutung 'das wenn'; wir dürfen jedoch unbedenklich bedingung, zweifel substituieren. Ein thema *iba* zeigt uns ferner an. *ef, if* n. zweifel, *ifa* (*ifada*) zweifeln. Ihm entspricht ksl. *za-apŭ, za-j-apŭ* m. vermutung,[3] womit nahe verwant lat. *opīnu-s* in *nec-opīnu-s* unvermutet, *opīn-ari, opīn-io*. Bietet sich so für *ibái* und *iba* eine genügende erklärung, so werden wir am besten mit Grimm *jabái* im gegensatze zu *nibái* = *ni-ibái*, aus *ja-ibái* entstehen laßen.

jái rai, utique (*pannu nu jái* denn, also; auch interject. = *ŏ*). Entweder liegt in *jái* ein andrer casus als in *ja*, etwa ein locativ vor, indem wie im nom. plur. m. *þái* keine verstümmelung des auslauts eintrat, oder es ist verdoppeltes *ja*, indem das auslautende *a* (*jaja* zu *jaj, jai*) eingebüßt wurde (vgl. *nunu*). Letzteres scheint mir richtiger.[4]

sái en, ecce sieh, sehet. Ihm entspricht genau ahd. *sé*, wonach got. *sái* zu schreiben ist. Sie zu *saihvan* zu stellen,[5] scheint mir vollkommen unmöglich, denn got. *saihvan* geht auf eine wurzel *sak* zurück,[6] und der imper. lautet organisch *sihv*. Angenommen, daß *hv* oder *h* allein

---

1) III. 284.
2) I. 76; über *iph-iph* vgl. Scherer s. 377 anm.
3) Fick s. 340. 700.
4) Scherer s. 385 denkt daran, *jai* aus *ja-i* zu erklären; das wäre jedoch *jaei* geworden. Die ansicht Bopps (II. 201), *jái* möge aus *ja* durch die neigung des *a* entsprungen sein, sich mit beitretendem *i* zu diphthongisieren, welche sich schon im skr. zeige, ist unzuläßig.
5) Diefenbach II. 184.
6) Vgl. *unanasiuniba* s. 53.

— 92 —

vor antritt des *v* abfiel, so wäre *si* entstanden; wäre *hv* aber abgefallen, nachdem die brechung von *i* zu *ai* bereits vollzogen war, so wäre wahrscheinlich nicht *sai* geblieben und dann zu *sái* verlängert,[1] sondern ebenfalls *si* entstanden (vgl. *siuni* aus *sihvni*), da der die brechung bewirkende consonant fehlte. Es ist sehr unwahrscheinlich, daß in *sái* eine steigerung von *si* vorliegt, da es meist als tonlose partikel gebraucht wird; hätte man den vocal steigern wollen, so würde wahrscheinlich nicht *sái*, sondern *sei* entstanden sein. Endlich läßt sich die einbuße eines auslautenden *hv* nicht nachweisen.

sái scheint vielmehr zum pron.-st. *sa* zu gehören.[2] Dieß ist um so wahrscheinlicher, da auch *þarúh* gr. ἰδού übersetzt, z. b. Matt. 9,18: *miþþanei is rôdida þata du im, þarúh reiks áins qimands inváit ina* gr. ταῦτα αὐτοῦ λαλοῦντος, αὐτοῖς, ἰδοὺ ἄρχων εἰσελθὼν προσεκύνει αὐτῷ. So wie hier *þarúh*, drückte auch *sái* ursprünglich nur eine locative beziehung aus und wurde rein hinweisend gebraucht. Wahrscheinlich ist *sái* alter locativ mit bewahrung des alten auslauts (vgl. *þái* grdsprl. *ta-i* und das folgende *rái*).

rái interject. und praefix (*rái-dédjan-*, *rái-fáirhvjan*). *rái* = an. *vei* ags. *vá* ahd. as. *wé* lat. *vae* (aus *vai*). Nahe damit verwant ist *vaja-* (in *vaja-mérjan*, *vaja-mérein-*, *vaja-méreini-*), das inlautendes *v* eingebüßt zu haben scheint, wodurch es sich unmittelbar zu ahd. *wéwa* f. (aus *vaiva*) wehe, schmerz, leid an. *vá* f. res mira stellt.[3]

---

1) Holtzmann s. 241.
2) L. Meyer G. spr. 166. 500; Scherer s. 288; dagegen Kuhn Zs. XVIII. 369; seine gründe sind aber nicht entscheidend, denn im niederdeut. *sē mál* und *sich mál* können eben so wol zwei verschiedene bildungen vorliegen als im got. *sái* und *saihv*, ahd. *sé* und *sih*, *si*.
3) Fick s. 862, Holtzmann s. 85.

§ 7.
Die auf *au* auslautenden partikeln.

aíppáu oder, wo nicht, aber; im nachsatze hypothetischer sätze immer am anfange stehend: vielleicht, gewis. Auf den ersten blick vergleicht sich ihm ahd. *ëddo* ags. *odde* as. *ettha*, *ettho*. Dieses letztere aber scheint aus *eftha* entstanden zu sein, da in einigen fällen, wo cod. M. *ettho*, cod. Cott. *eftha*, *efda* hat. Zu diesem *eftha* stimmt genau fr. *ieftha*.[1] Es wäre nun einfach, *aippau* aus *ib-pau* entstehen zu laßen;[2] aber dagegen erheben sich große bedenken, denn möglicher weise ist as. *ef* nicht = got. *iba*, sondern *jaba,[3] weiter aber die möglichkeit der entstehung von *pp* aus *bp* entschieden zu bestreiten, den *captu-s* ist = got. *hafta-* und *þaúrfta-* entsteht aus *þaúrb-ta-*, *fragifti-* aus *fragib-ti-*.[4]

Oben verglichen wir ahd. *ëddo;* ist dieses auch aus *ib-þáu* entstanden, wie as. *ettho?* Ich zweifle, denn got. *iba* entspricht ahd. *ipa*, nicht *ëpa*. Als zweiter teil des got. *aippau* löst sich *þáu* ab, dem ahd. *do* entspricht; *ed* aber zwingt uns, got. *aip* zu schreiben,[5] was auf einen stamm *ita* führt, der im an. *eda* und *edr*[6] oder, und ahd. *oda*, *odu* bewahrt ist. Ist das richtig, so spricht es entschieden sowol dagegen, *aiþ* auf skr. *etad* zurückzuführen,[7] als in ihm skr.

---

1) wahrscheinlich nicht aus *eftha* durch brechung des *e* zu *ie*, sondern = *jëftha;* vgl. Grimm I. 229 und weiter unten.
2) Holtzmann s. 155.
3) Vgl. ags. *gif*, fries. *ief* = *jëf*.
4) So nach Luk. 1, 27.
5) Grimm III. 60, Scherer s. 306.
6) Aus diesem *edr* (älter *edra?* vgl. *vidr* got. *viþra*) erklärt sich auch das von *alde* zu trennende ahd. *ërdo*, *odar*, das sich zu *ithra* verhält wie *widar*, *wirdar* zu got. *viþra*.
7) L. Meyer G. spr. 493.

yathâ zu erkennen.[1] Fast alle bedeutungen von *aíƥáu* zeigt das einfache *ƥáu*, aber auch an. *eđa* ist oder, und man muß demnach annehmen, daß in *aíƥáu* eine verbindung von zwei ziemlich gleichbedeutenden partikeln vorliegt, ein verhältnis, das wir auch noch in *aƥƥan* kennen lernen. In seiner bedeutung liegt *aíƥáu* nicht weit von *iƥ* ab, *aiƥ* ist vielleicht mit ihm identisch und damit auf ein zum pron.-stamme *i* gehöriges *ita* zurückzuführen.

eiƥáu nur Luk. 14, 32. Vorher geht der oben s. 77 angeführte vers; dann heißt es: *eiƥáu jabái nist mahteigs, naúhƥanúh fairra imma visandin insandjands airu biđjiƥ gavairƥjis*, gr. εἰ δὲ μήγε, ἔτι αὐτοῦ πόρρω ὄντος πρεσβείαν ἀποστείλας ἐρωτᾷ τὰ πρὸς εἰρήνην. — *jabai nist mahteigs* scheint aus einer erklärenden glosse in den text geraten zu sein,[2] und demnach kann *eiƥáu* nicht die bedeutung 'wenn nicht' gehabt haben, da in diesem falle der griech. text genau übersetzt, und eine glosse unnötig gewesen wäre. Vergleicht man *eiƥáu* mit *eiƥan*, so löst sich deutlich hier *ƥan*, dort *ƥáu* ab, und wie in *eiƥan ƥan* allein schon die bedeutung 'daher, mithin' hat, so wird auch in *eiƥáu* die eigentliche bedeutung in *ƥáu* stecken, welches oft im zweiten gliede einer doppelfrage mit der bedeutung 'oder, oder etwa' steht. Diese bedeutung lege ich hier zu grunde: welcher könig, der gegen einen andern auszieht, überlegt nicht vorher, ob er auch im stande sei, jenem die spitze zu bieten? oder (nemlich wenn er dazu nicht stark genug ist, im entgegengesetzten falle) wird er wol um frieden bitten. Die function des *ei* zu erklären, macht sowol in *eiƥáu* als in *eiƥan* schwierigkeiten; ich vermute, daß es in *eiƥáu* conditionalen wert hat, vgl. skr. *yadi* wenn.

---

1) L. Meyer Zs. IV. 405.
2) Heyne Ulfil. anm. zu dieser stelle.

jau ob. Röm. 7, 25 übersetzt es gr. ἄρα denn, also — eine 'verwechselung von ἄρα mit dem fragenden ἆρα.'[1] Es ist vermutlich entstanden aus *ja* + *u*, ursprünglich also 'ob ja, ob wol.'[2]

svau οὕτως (Joh. 18, 22) = *sva-u* fragendes so.

þáu nach comparativen als (*sva*-þáu οὕτω-ἤ), im zweiten gliede einer doppelfrage: oder, oder etwa, in fragenden, negativen, abhängigen sätzen und im nachsatze hypothetischer sätze: doch, wol, etwa. Gleichbedeutend steht auch þáuh = þáu-uh. Gewis berechtigt ist es, þáu in þa-u zu trennen, indem das fragende *u* hier wie in einigen anderen fällen lediglich das urteil modificierend angetreten sein könnte. Diesem þa entspricht genau lat. *tam*[3] und in dem gebrauche von 'als' nach comparativen sein correlat *quam*. Ist das aber richtig, so zwingt nichts zu jener trennung, sondern þáu kann direct aus *tam* entstanden sein, wie bérjau aus *ba-bhar-jâm*.

Zu erwähnen ist endlich noch das adverbiale *ufarassáu* abunde, dat. v. *ufarassu-*, dem wol älteres *ufaral-tu* zu grunde liegt.[4] Es schließt sich eng an *ufar* an.

---

1) Heyne Gloss. z. Ulfil. s. 342.
2) Sonne, Zs. XII. 284. Bopp II. 203 will *jau* aus *jaba*, *jara* entstehen laßen.
3) vgl. Corssen Beitr. 276 ff.
4) L. Meyer G. spr. 179.

Kap. III.

Die consonantisch auslautenden partikeln.

§ 1.

Die auf gutturale endigenden wörter.

ak ἀλλά, δέ, γάρ. Nach ags. *ac*, dessen *a* nicht in *ä* übergeht und zuweilen als lang bezeichnet wird, got. *ák* ahd. *óh* anzunehmen,[1] ist sehr bedenklich, da es 'an analogen fällen von ags. *á*, ahd. *ô* für got. *á* fehlt.[2] *ak* mit skr. *aha* nemlich, gewis, zwar, freilich, wenigstens zusammenzustellen,[3] halte ich für völlig richtig. Wie *ik* gr. ἐγώ skr. *aham, dikan* lat. *ag-* (in *ad-ag-iu-m*) skr. *ah* gegenüber steht, eben so kann got. *ak* skr. *aha*[4] entsprechen. *ak* hingegen einem skr. *á gha gleichzustellen,[5] ist deshalb bedenklich, weil die länge des got. *a* zweifelhaft ist.

áuk γάρ, δέ, καί, μέν. Ihm entspricht ahd. *ouh* as. *ôk* ags. *eác* fries. *âk* an. *auk*. Grimm stellt *áuk*[6] zu got.

---

1) Holtzmann s. 5.
2) Holtzmann s. 176.
3) L. Meyer G. spr. 20. J. Schmidt Zs. XIX. 272 stellt *ak* zu lit. *ógi*; dieß würde für got. *ák* sprechen.
4) *aha* ist wol nichts anders als *a-ha, ha* = gr. γε vgl. o. *ga* ; *k* entspricht zunächst gr. γε.
5) Scherer s. 285; *á* vgl. ksl. *a* et, ut, sed, vel.
6) III. 274.

áukan augere, und dieß ist gewis trotz alles widerspruches[1] richtig. Bopp bemerkt dagegen: 'wäre auch in allen germanischen dialekten die einzige bedeutung der in rede stehenden conjunction, so könnte man an eine verwantschaft mit dem got. *áukan* vermehren denken. Was haben aber denn und sondern mit vermehren zu tun?.... Alle echte conjunctionen stammen von pronominen.' Wenn nun aber das ahd. *ouh* außer enim und sed auch etiam bedeutet, so ist damit der beweis geliefert, daß denn und sondern etwas mit vermehren zu tun haben, denn einander ganz fremde begriffe drückt die sprache nicht mit demselben worte aus. Das got. *áuk* bedeutet außer denn auch aber, und beide wörter dienen, wie schon ihre etymologie zeigt, ursprünglich nur dazu, ein weiteres moment in die rede einzuführen. Ist der zweite punkt im wesentlichen auch unangreifbar, so wird man doch zugeben müßen, daß, wie pronomina zuweilen auf verbalwurzeln zurückführen, eben so wol auch conjunctionen zu einem verbum gehören können. In unserem besonderen falle wird dieß durch das an. wahrscheinlich gemacht. Dort findet sich das neutr. *auk* augmentum, wozu die adverbialen *at auki*, *at auk*, *in auk* überdieß, außerdem gehören; weiter aber findet sich *auk* auf runen und in alten hss. = *ok*[2] und, und zwar auch; und ich glaube nicht, daß man in hinsicht auf *at auk* und *in auk* dieses von jenem substantivum trennen darf, sondern man wird in ihm den acc. desselben zu erkennen haben.[3] Grimms ansicht ist jedesfalls der andern vorzuziehen, welche *áuk* in *áu-k* trennt und in *áu* den pron.-st. *ava* sieht[4] (zend. apers. *ava* ksl.

---

1) Bopp. II. 197.
2) Möbius An. gloss. s. 25.
3) Fick s. 688.
4) Bopp a. a. o.; L. Meyer Or. u. Occ. I. 528, G. spr. 20; Scherer s. 285.

ovû skr. *ava* praep. gr. *αὖ, αὖτε* u. s. w.), da dieser sonst auf germanischem boden nicht nachzuweisen ist.

Die übrigen hierher gehörigen wörter endigen alle auf *h*, in welchem zum großen teile das enklitische *ûh* zu erkennen ist, welches daher zunächst besprochen werden mag.

ûh 1) *καί, οὖν, δέ* 2) ohne bestimmte bedeutung tritt es an partikeln verstärkend 3) es tritt an das demonstrativ verstärkend oder gibt ihm relative bedeutung, 4) an interrogative tretend verwandelt es diese in allgemein bejahende, 5) in doppelfragen steht es zuweilen statt des fragenden *u*.

Ich habe *ûh*, nicht *uh* oder *-h* angenommen, was im folgenden zu rechtfertigen ist.

Nach betontem *a* und allen langen vocalen erscheint nur *h*, nach unbetontem *a* aber *uh*, vor welchem *a* ausfällt; es erscheint jedoch auch hinter betontem *a*, wenn es fragend steht.[1] Der grund der letzten erscheinung ist ganz klar. *uh* steht hier nicht fehlerhaft für *u*,[2] sondern ist eine verbindung von *u-uh*, und da *u* nach allen vocalen bleibt, so bleibt es auch in der verbindung mit dem enklitischen *ûh* z. b. *hvaup-þan* I. Kor. 4, 7, *hvôûh* II. Kor. 6, 15. 16, das aus *hvô-u-ûh* besteht. Die form *uh* erscheint weiter hinter consonanten.

Der obigen regel gegenüber [3] wird man schwerlich eine partikel *h* annehmen dürfen, 'vor die bei dem antritt an auslautende consonanten, oder auch, mit wenigen ausnahmen an auslautendes *a*, das aber dann selbst abgeworfen werde,

---

1) Holtzmann s. 9.
2) Holtzmann a. a. o.
3) *gahmélida* Luk. 1, 63 kann nicht dagegen angeführt werden, eben so wenig *gaþ-þan-miþsandidêdum* II. Kor. 8, 18, *gaþ-þan-trauû* II. Tim. 1, 5, da hier sowol die eigentümliche stellung in betracht kommt, als auch nicht feststeht, ob nicht *gá-ûh-mélida* betont sei.

ein *u* trete.'¹ Wäre *u* nur ein bindevocal, wie wollte man denn *hazjuþþan* (= *hazja-ûh-þan*) I. Kor. 11, 2, *visuþþan* (= *visa-ûh-þan*) I. Kor. 16, 8, *sumammuh* (= *sumamma-ûh*) I. Kor. 12, 10, *immuh* (= *imma-ûh*) Röm. 11, 36, wie *þammuh*, *þatuh* erklären? Wie uns *þammei*, *þatei* neben *saei*, *sah* deutlich zeigt, ist die einbuße des *a* nur folge davon, daß eine ursprünglich selbständig betonte partikel antrat, vor der das tonlose *a* ausfiel.³ Man könnte einwenden, daß *þammuh* vielleicht aus *þammah* entstand, indem *a* zu *u* geworden sei. So unwahrscheinlich dieß auch wäre, würde man den einwand doch anerkennen müßen, wenn nicht ein wort *uh* als organische form sicher stellte. Dieß ist *sumaiuþ-þan* Luk. 9, 8, neben *summaiþ-þan* Matt. 26, 67 — allerdings eine ausnahme der obigen regel.

Doch weiter: wäre *h* wirklich die organische form, würde dann nicht aus *duh* *daúh* geworden sein? Endlich aber ist, wie sich euphonische hilfsvocale im got. überhaupt mit sicherheit nicht nachweisen laßen, so auch ein hilfsvocal *u* zu leugnen; *bérum* beweist ihm nicht.⁴ Im opt. perf. sind allerdings die endungen unmittelbar an den wurzelauslaut getreten; damit ist aber nicht bewiesen, daß dieß auch im ind. der fall gewesen sei. Im ig. perf. redupl. act. liegen zwei formen vor; die eine beruht auf dem praesens ohne charakteristicum, die andere auf dem mit char. *a*, und daran schließen sich im skr. die I. u. III. sg., II. u. III. dual.,

---

1) L. Meyer G. spr. 38.
2) Ebel Zs. IV. 142. Nach ihm ist *-h* = *hva*, 'womit für letzteres der bindevocal *u* als assimilation durch *r* erscheint.' *hva* aber hätte höchstens zu *hu* werden können.
3) Schleicher s. 153 meint, nach der analogie von *hraz-uh* sei *þammuh* für das zu erwartende *þammëh* gebildet. Aber in *hrazuh* wäre *h* an einen consonanten getreten, in *þamma* an einen vocal, demnach kann *hrazuh* nicht als ein analogon gelten.
4) Schleicher a. a. o.

II. pl., das gr. perf. auf α, α-ς, ε, α-των u. s. w., das lat. und das got. perf.[1] Nur hinsichtlich der II. sg. könnte man im got. auf den ersten blick zweifelhaft sein, ob sie zur ersten oder zweiten form gehört. Dürfen wir demnach in bêrum dem u den charakter als hilfsvocal absprechen, so fällt jeder grund weg, ihn in dem u von uh zu erkennen, da er in miluki- nicht hilfsvocal, sondern der 'zum vocal gewordene stimmton des l ist.'[2] Nach allem dem ist zunächst uh für die organische form der got. partikel zu erklären. Das fehlen der brechung ist jedoch gewis nur durch langes u zu erklären, und so kommen wir zu der form ûh.[3] Dieß aber hindert, in u die skr. partikel u zu suchen.[4] In manchen fällen ist die got. lautverbindung ûh dadurch entstanden, daß hinter ursprünglich kurzem u ein nasal eingebüßt wurde. Ich vermute, daß dieß auch hier der fall gewesen sei, und lege ein *anka zu grunde, an = lat. in in ille aus inle, ka = skr. ca gr. τε lat. ce (vgl. ecce aus ence?[5]), welches man in -h schon immer erkannt hat.[6]

Zu erwähnen ist noch, daß Ephes. 5, 5 hvazu hôrs statt hvazûh hôrs steht, und daß in hvanôh, hvarjanôh, hvarjatôh, hvammêh und hvarjammêh sich alte länge vor dem antretenden ûh bewahrt hat, in folge dessen û wie in þizôh, þaþrôh, þizéh eingebüßt wurde.

1) Benfey Kl. gr. s. 142.
2) Schleicher a. a. O.
3) Holtzmann s. 9.
4) Sonne Zs. XII, 279 ff., Scherer s. 374; dagegen spricht weiter die organische form uh. Sonne nimmt s. 284 þaúh an, das aus der urform tu-ka entstanden sei; eben so läßt er — gewis richtig — naúh aus nu-ka entstehen. Hätte dann folgerichtig -u-ka nicht zu aúh werden müßen?
5) Corssen Ausspr. I¹, 106.
6) Grimm III. 13, Bopp II. 214. uh aber aus hu = lat. que durch metathese entstehen zu laßen, ist zu willkürlich und nicht zu beweisen.

Dieses enklitische, nach meiner ansicht aus einer engen verbindung von *an* und *ka* hervorgegangene *ûh* erkennt man deutlich in *duh (duh-þé) = du-ûh* und in *hvè'h μόνον* aus *hvè'-ûh;* ferner in *jah* [1] aus *ja-ûh καί, δέ, γάρ*. Dieß *ja* und, erhalten in as. *ja* ags. *ge* und im ahd., [2] gehört zum pron.-st. *ja*, vermutlich *= jad*.

nih neque, neve, ne-quidem, nisi. — *nih* scheint aus *ni-ûh* entstanden zu sein, indem hinter dem betonten *i*, wie hinter betontem *a*, das *û* eingebüßt wurde, vgl. *biþþangitanda = bi-ûh-þan-gitanda* I. Kor. 15, 15. Holtzmann [3] will *nih* aus *néh* entstehen laßen, weil *i* nicht zu *ai* geworden ist. Das ist jedoch sehr unwahrscheinlich, da ihm as. *nek* [4] (wie *jak* got. *jah*) und ahd. *noh* entspricht. Das ursprünglich zwischen *i* und *h* stehende *û* konnte das eintreten der brechung verhindern. Ist das richtig, so dürfen wir auch in *duh* den ihm gegebenen laugen vocal bezweifeln, indem es aus *dú-ûh* entstand. [5]

nûh aus *nu-ûh = nu-u-ûh*, fragend: *οὖν γάρ*. Hier ist langes *u* anzunehmen, da fragendes *u* hinter anderen vocalen nicht eingebüßt wird, hier also mit dem *u* in *nu* sich zur länge verbunden haben muß.

---

1) Grimm III. 25. 270; das *h* häufig anderen consonanten, so *g, n, s, b, þ* assimiliert.
2) in der exhort. ad. pleb. christ. Weiteres bei Müllenhoff und Scherer Denkm. s. 442, Graff I. 568. Got. *jah* entspricht ahd. *joh; jauh* aber ist, wie das getrennte *ja auh* zeigt, ans diesen entstanden. Das *jak* des Hél. ist vermutlich nicht *= ja γέ*, sondern *k* steht hier wie z. b. in *ge-nácón* der ps. neben *náhian* des Hél. (Fick s. 780 führt nur jenes an).
3) s. 7.
4) Mit diesem *nek* darf man nicht *nigén* (Grimm III. 70) in zusammenhang bringen, da es *= ni-gén* ist, wie deutlich Hél. v. 3192 zeigt: *gumonô nigénumu ne sie ina farguldin sân*, wo *g* also alliterierend steht.
5) Holtzmann s. 9 leugnet kurzes *u* vor *r* und *h*.

— 102 —

svah οὕτως = *sva-ûh*; *þanûh* τότε, δέ, καί, οὖν = *þan-ûh*; *þarûh* ἐκεῖ, ἰδού, δέ, καί, οὖν = *þar-ûh*; *þaþrôh* von da, darauf = *þaþrô-ûh*.

þishvadûh = *þis-hvad-ûh* quocunque, wohin nur immer, mit folgendem *þadei* oder *þei*. Mit ausnahme von *þishun* verbindet sich das praefix *þis* nur mit *hvazûh* und den dazu gehörigen **hvadûh* und **hvarúh*, ihre bedeutung verallgemeinernd; es scheint der gen. von *þa*.[1]

þishvarûh ubicunque mit folgendem *þei* = *þis-hvar-ûh*. Über *hvar* und *þar* vgl. weiter unten.

naúh ἔτι, adhuc. Nach ahd. as. *noh* ist got. *naúh*, nicht *náuh*[2] zu schreiben. Am wahrscheinlichsten schließt sich *naúh* an das ved. *nukam* gr. νύ κεν, νύ κε nun wol, jetzt an.[3] Dieß ist jedesfalls richtiger, als die zusammenstellung mit got. (*ga-*)*naúhan*[4] genügen, hinreichen, da got. *naúh* durchaus, ahd. as. *noh* vorwiegend zeitpartikel ist. Lat. *nunc* kann got. *naúh* natürlich nicht entsprechen.

naúh findet sich noch in *naúhþan* ἔτι = *naúh-þan*, *nauhþanûh* ἔτι = *naúh-þan-ûh* und in *naúhúþþan* (Luk. 14, 26) und noch, = *naúh-ûh-þan*.

þáuh kommt oft gleichbedeutend mit *þáu* vor, daneben aber erscheint die bedeutung 'obgleich' (vgl. *þáuh- jabái*, *þáuh ga-ba-daúþniþ*), wie in den deutschen dialekten. Jedesfalls ist *þáuh* zu schreiben;[5] das as. zeigt wahrscheinlich *thôh*, obgleich die schreibung *thuoh* (Hél. 5922, 5966 cod. Cott.) nicht entscheidend ist; ihm entspricht ags. *þeáh* fries. *thâch* (*â* = got. *áu* wie in *dáð* mors, *áge* oculus),

---

1) Grimm III. 42.
2) Holtzmann s. 17.
3) L. Meyer G. spr. 119.
4) Fick s. 780.
5) Holtzmann s. 17; dagegen Sonne Zs. XII. 284.

und an. *þó* ist man jedesfalls berechtigt, ein *þáuh* zu grunde
zu legen. Die mehrzahl spricht also für got. *þáuh*, demnach ist im ahd. *doh* eine verkürzung zu statuieren, nicht
nach ihm got. *þauh* anzunehmen. Also kann aber *þáuh*
nicht aus *þa-úh*,[1] das zu *þah* geworden wäre wie *sá-úh*
zu *sah*, sondern muß aus *þáu-úh* entstanden sein; vgl. *viljáuh* aus *viljáu-úh* (*viljáuþþan* I. Kor. 11, 3), *snáuh* aus
snáu-úh I. Thes. 2, 16.

svêþáuh verumtamen, quidem doch, zwar, wenigstens (steht oft nur nachdrücklich neben einem anderen
worte) = *svê-þáuh*.

þaírh διά, ὑπό durch, mittels, mit (selten: wegen),
auch als praefix gebraucht. Wurzelhaft verwant mit lat.
trans = skr. *tiras* zend. *taró*[2] gäl. *tar, tre, tri* kymr. *trus,
tros, trui, troi*,[3] vergleicht sich ihm hinsichtlich seines auslautenden *h* skr. *tirjak*,[4] dem es jedoch nicht direct, sondern etwa einem *tiryaci* entspricht. Demnach wäre im got.
die einbuße der silbe *ja* zu constatieren, deren *a* nach ahd.
durah as. *thurug, thuru* zeigt.

§ 2.
Die auf dentale endigenden partikeln.

at 1) praep. apud, ad a) c. dat. räumlich und zeitlich
b) c. acc. nur zeitlich, 2) praefix. Ihm entspricht lat. *ad*
kelt. *ad*, jedoch nur unter der voraussetzung, daß diese eine
zweite silbe eingebüßt haben. Ein grdsprl. *adi*, nicht *adhi*,[5]
könnte ihnen allen zu grunde liegen.

---

1) Bopp II. 215.
2) Benfey (Gloss. z. chrestom. s. 134) erklärte diese früher für
alte acc. plur., legt ihnen jetzt aber, wie er mir mitteilte, eine form
tarant (part. zu *tar*) zu grunde.
3) Ebel Beitr. I. 312.
4) L. Meyer G. spr. 52. — *tiryañc* aus *tiri-añc*; *añc* zu *añc* krümmen, biegen.
5) Bopp III. 490.

ut adv. hinaus, heraus. Ihm entspricht skr. *ud*, zend. *uç*, *uz* unter der voraussetzung, daß sie auslautenden vocal eingebüßt haben. Eine spur desselben hat sich erhalten in skr. *udicî* fem. zu *udañc*, wornach die grundform *udi* zu sein scheint. Diese ist hinsichtlich ihrer formation skr. *yadi* analog, und in *udi* liegt daher vielleicht der loc. eines thema *u-da* vor, compos. der pron.-stämme *u* und *da* (letzterer im zend erhalten). Auf thema *uda* weist auch got. *utaþrô*, dem gegenüber skr. *uttara* gr. ὕστερος nicht aus *ud-tara*, sondern aus *uda-tara* entstanden sind. Das in *udi* auslautende *i* fiel schon früh ab, da das an. *út* keinen umlaut zeigt.

Mit auslautendem *t* sind ferner zu erwähnen: das adverbiale ***frumist*** πρῶτον, acc. n. von *frumista-*, durch superl.-suff. *ista* = skr. *ishṭa* gr. ιστο aus dem superl. *fruman-* = lit. *pirma-s* gr. πρόμο-ς lat. *primu-s* skr. *parama*,[1] wie *aúhumista-* aus *aúhuman-* gebildet.

máist (I. Kor. 14, 27) höchstens, adv. von *máista-*, superl. von *máis* = ahd. *mêr* lat. *magis* (aus *magjas*) vgl. skr. *mahîyaṁs*;[2] im got. also einbuße von *g* wie in *mauja-* aus *maguja-* (vgl. *magu-* und *magulan-*), *manvu-* aus *mangshva-*; endlich *þatist* τοῦτ' ἔστιν das heißt, nemlich = *þata ist*.

Das praefix und praep. *and* wurde bereits oben s. 67 besprochen.

---

1) Fick s. 129.
2) Fick s. 144. Über den got. compar. und superl. vgl. L. Meyer G. spr. 99. 185. 186. Skr. erscheint als suff. meist *îyaṁs*, ved. auch *yaṁs*, meist *iaṁs* zu lesen. An dieses schließt sich gr. ιον z. b. μεῖζον- aus μέγιον, lat. *iôr* aus *iôs, ius*. Benfey (Kl. gr. s. 224 anm. 2) erklärt das compar.-suff. für eine participiale bildung des verb. *i*. Vielleicht darf man *ians* = *iant* auf die basis *ia*, *iyant* auf die basis *iya* d. h. eine intensivform des verb. *i* zurückführen. Vgl. Benfey Üb. d. optat. s. 44.

und praep. 1) c. acc. bis zu, bis an, bis 2) c. dat. für, um etwas; es ist auch praefix z. b. *undrinnan ἐπιβάλ-λειν*. Ihm entspricht as. *und* ahd. *unt* (*unt-az*) und weiter entweder skr. *adhi* (wie *adhara* got. **undara-*) oder gr. ἔνϑα, skr. zend. *adha* apers. *adā*. Das ihnen zu grunde liegende wort hatte jedesfalls die bedeutung 'zu, nach, bei diesem' und daraus erklärt sich das ebenfalls hierher gehörige ahd. *anti, inti, unta* und.

jaind muß mit einigen anderen wörtern besprochen werden, die meist auf *þ* an stelle von *d* ausgehen. Es sind *aljaþ, dalaþ, hvaþ, samaþ*.

aljaþ aliorsum, anderswohin (Mark. 12, 1).

dalaþ κάτω, χαμαί abwärts, zu boden.

hvaþ ποῦ wohin.

samaþ ἐπὶ τὸ αὐτό, συν- nach demselben ort hin, zusammen.

Die etymologie der diesen wörtern zu grunde liegenden themen ist bereits oben gegeben; *samaþ* schließt sich an *saman-* = skr. *sama* zend. *hama* gr. ὁμό-ς ksl. *samŭ*.[1]

Diese wörter, sämmtlich ein 'wohin' bezeichnend, sind ihrer bildung nach nicht von einander zu trennen. Daß *þ* für *d* steht, beweist folgendes. Statt *hvaþ* erscheint zuweilen *hvad* (z. b. Joh. 13, 36) und dieselbe form auch in *þisvaduh* wohin nur immer, und in dem correlativen *þadei* wohin, dahin wo. *samaþ* entspricht as. *samad, samod* ags. *samod* ahd. *samant*, die organisches *samad* sicher stellen. Von *aljaþ, dalaþ* ist *jaind ἐκεῖ* (Joh. 11, 8) nicht zu trennen, in welchem das *d*, durch die vorhergehende liquide geschützt,[2]

---

1) Fick s. 195; Benfey I. 387 erkennt in *sama* superlativ des pron.-st. *sa*, also *sama* = das am meisten in eine einheit gebrachte.
2) Holtzmann s. 27.

sich erhielt. Dieses *d* könnte nun allerdings auf altes *t* zurückführen;[1] allein dagegen spricht skr. *kadha* im compos. *kadhapriya* gegen wen freundlich,[2] zend. *kadha* wie, wann (vgl. auch skr. *kuha* wo), die dem got. *hvad* so genau entsprechen, daß eine trennung beider ungerechtfertigt ist. Da *kadha* aber wol aus älterem *kadhá* entstand,[3] so dürfen wir das got. *d* auf *dhá* zurückführen,[4] dessen *â* aber schon früh verkürzt wurde (vgl. auch ἔνϑα). *aljaþ* entspricht also einem *anya-dhâ, dalaþ dhaladhâ, hvad kadhâ, samaþ samadhâ, jaind jinadhâ.*

Formell ließe sich *aljaþ* auch skr. *anyathâ* vergleichen; aber die verschiedenheit der bedeutung spricht dagegen. *samaþ* gegenüber steht ahd. *samant*, was an das verhältnis von *kadá* und *quandô* erinnert. Darauf hin wage ich jedoch nicht, in allen den obigen wörtern einbuße eines nasals zu constatieren. Gewis aber ist es unberechtigt, *samant*, woneben auch *samet* vorkommt, von *samaþ* zu trennen und es zu skr. *samanta* (aus *sam* + *anta* ende, *samantât* und *samantatas* undique) zu stellen.[5]

id praefix, wieder, zurück.

iþ conj. aber, und, nun, denn, wenn; in den vier ersten bedeutungen steht es immer voran.

Beide wörter scheinen mir vollkommen identisch zu sein; analog ist ahd. *afar*, autem, iterum, re-, porro, igitur, ergo.[6] *afara-* bedeutet ursprünglich etwas weiteres, entlegeneres und demnach legt man am besten jenen beiden ein thema

---

1) Scherer s. 307.
2) Dieses *kadha* rechtfertigt die dem *dha* oben mehrfach gegebene bedeutung 'zu, nach.'
3) Benfey Gr. s. 237.
4) Bopp II. 243.
5) Bopp II. 28.
6) Graff I. 177.

ita, superl. des pron.-st. *i* zu grunde (vgl. lat. *ita, iterum*). Skr. *iha* entspricht *id*- und *iþ* formell allerdings genau,[1] begrifflich aber liegt es weit ab. *id*- könnte auch lit. *ata*-, *at*- ksl. *otŭ* gegen, wider[2] sein; sie gehören aber wol cher zu got. *anda*-, *and*.[3] Gr. ἔτι skr. *ati* kann *id* nicht entsprechen,[4] da die vollere form *ida* lautet, wie ahd. *itawíz* gegenüber got. *idveit* zeigt.[5] Dieses *ita* ist vermutlich alter instrumental *itâ*.

miþ 1) praep. c. dat. mit, zugleich mit, bei, unter, gegen (nie temporal) 2) adv. mit, zugleich 3) praefix (z. b. *miþviscin*-). Die organische form ist auch hier *mid*, vgl. *midgardivaddju*- Ephes. 2, 14 cod. A (*miþgardivaddju*- cod. B), as. *mid* ags. *mid* an. *med* fries. *mith*,[6] älter *midi*, wie ahd. *miti*[7] as. *midi* (cod. Cott.) zeigt.

Die grundform ist *mati*,[8] locat. eines thema *mata*, wozu gr. μετά instr., an. *medr* gen. Jedesfalls ist *miþ* nicht von μετά zu trennen, und dieß spricht dagegen, das *d* auf suff. *dha* zurückzuführen[9]; zend. *mat* herbeizuziehen[10] ist bedenklich, da dessen *t* vielleicht = *d* ist, vgl. skr. *smad*.

---

1) Bopp II. 243; Ebel Beitr. V. 148.
2) Fick s. 699.
3) Fick s. 339.
4) Ebel Zs. IV. 142.
5) Eine vollere form ist vielleicht auch im as. *iduglönón* erhalten, Hél. cod. Cott. v. 5304. *ne welda iró ubilon word iduglönón*. Die trennung *idug-lönón* (Heyne) und *id-ug* (Fick s. 699) ist mir wenig wahrscheinlich; ich würde *idu-glönón* trennen, *idu* = ahd. *ita*, *glönön* = *gilönön* (die stellung des *ga* wie in got. *ingaleikón*), wenn die apokope des *i* im praefix *gi* im Hél. sich nachweisen ließe.
6) *th* = got. *þ* im auslaut vgl. *salvath* as. *salbód* got. *salbóþ*.
7) Graff II. 569.
8) Ebel Zs. IV. 142.
9) Bopp III. 511 anm.
10) Curtius s. 197.

miþ findet sich noch in der zusammensetzung *miþþan* = *miþ-þan* interea, und *miþþanei* (Luk. 2,.43 *miþþané*) = *miþ-þan-ei*.

Von den auf *n* auslautenden wörtern ist zunächst *þan* zu nennen, welches außer in den zusammensetzungen *miþþan*, *miþþanei*, *aþþan*, *ciþan*, *juþan*, *nauhþan*, *nauihúþþan*, *nauihþanúh*, *svaþþan* und *þanei*, *þannu*, *þanúh*, *þanúþþan* selbständig mit den bedeutungen 1) damals, dann, darauf 2) wann, während, als, da, wenn 3) aber, also, und, zwar, denn, erscheint.

Damit gehört nach seiner bildung eng zusammen *hvan* 1) fragend: wann? 2) irgend wann 3) vor adj. und adv. wie 4) vor dem compar. um wie viel 5) in verbindung mit anderen partikeln z. b. *niu hvan* ob nicht etwa.

hvan ist demnach wesentlich correlat zu *þan*, dessen ältere form sich in den verbindungen *þanamáis* und *þanaseíps* entsprechend ahd. *dana* ags. *þon* as. *than* (*than mér* Hêl. 1395 = *þanamáis*) erhalten hat. Ebenso liegt *hvan* vermutlich ein *hvana* zu grunde, und beide scheinen durch suff. *na* (vgl. *aftana*) von den pron.-st. *ta* und *ka* abgeleitet zu sein. Der bedeutung nach liegen in ihnen ablative vor, keinesfalls sind sie accusative;[1] dagegen spricht form und bedeutung. Ahd. *danne*, *denne* und *hwanne*, *hwenne* sind von ihnen zu trennen.[2]

aþþan attamen, sed, = *aþ-þan*;[3] *aþ* = skr. *atha* denn, aber, zend. *atha*, *at* lat. *at*, *et* gr. *ἀτ-άρ*.[4]

---

1) Grimm III. 181.
2) *danne* liegt wol *ta-na-ni*, *hwanne ka-na-ni* zu grunde, woraus sich die beiden formen am leichtesten erklären. Dafür ist aber weniger das *denni* der gloss. Mons. 335 (vgl. Savelsberg Die lat. partik. auf *d* und *m* durch apokope entstanden, Frankf. 1871 s. 12), sondern die mhd. reime entscheidend, die *denne*, nicht *dënne* lehren (Grimm III. 167)).
3) L. Meyer G. spr. 146, Zs. IV. 405; Holtzmann s. 31.
4) Fick s. 6.

eipan oὖν, ὥστε daher, deshalb = *ei-þan*.[1] Wahrscheinlich hat *eipan*, immer am anfange des satzes stehend, relative bedeutung, wie im lat. oft das relativ statt des demonstrativs zum zwecke der satzverbindung steht, und *ei* allein die bedeutung 'weshalb'; *þan* trat dann, wie in *juþan*, ohne wesentliche modification der bedeutung an.

juþan schon (*juþan ni* nicht mehr) = *ju-þan*.

miþþan während des, inzwischen, = *miþ-þan*; *miþþanei* während des daß, indem = *miþþan-ei*.

naúhþan noch, = *naúh-þan*; *naúhþanúh* noch, = *naúh-þan-úh*; *naúhúþþan ἔτι, καί*, = *naúh-úh-þan*.

svaþþan (I. Kor. 8, 12) οὕτως, = *svah-þan*.

þanei ὅτε wann, = *þan-ei*; *þannu* also, nun, = *þan-nu*; *þanúh* dann, aber, und, daher, = *þan-úh*.[2]

an fragepartikel, nur vor *hvas* und *núh*. Ihm entspricht lat. *an* gr. ἄν.[3] Da *an* selbständiges wort ist und man (nach dem got. texte zu urteilen) nicht annehmen darf, daß *an* nur in compositionen vorkomme,[4] so müßen die obigen wörter auslautenden vocal eingebüßt haben; wir kommen dadurch zum pron.-st. *ana* jener. Die frage geht vom dualistischen gegensatze aus: jenes oder dieses.[5] Wahrscheinlich entspricht *an* ved. *aná*, hervorhebende und

---

1) L. Meyer G. spr. 470.
2) *þan* noch in *bijandzuþþan* = *bijands-úh-þan*, Philem. 22, wo *bijands* wahrscheinlich partic. eines verb. *bijan* addere ist; vgl. Diefenbach I. 300, L. Meyer G. spr. 63. 295.
3) Grimm III. 758, Benfey II. 48, Bopp II. 183, Pott Et. f. I². 420 ff.; über das von Grimm angezogene ahd. *na* vgl. Pott a. a. o.
4) Scherer s. 112.
5) Benfey a. a. o.

beschränkende partikel,[1] die nichts anderes als instrum. des pron.-st. *ana* (zend. *ana* und *anâ*) zu sein scheint.

in praep. c. gen. dat. acc. εἰς, ἐν, διά, auch praefix.[2] Ihm entspricht lat. *in* gr. ἐνί, εἰν, ἐν und wahrscheinlich auch skr. *ni* (aus *ani*).[3] Die grundform *ani* scheint locat. des pron.-st. *ana* zu sein.

inn intro, hinein, = an. *inn;* beiden kann *inni* zu grunde liegen.

hun enklitika in *áinshun, hvashun, mannahun, hvanhun, hveilôhun, pishun*. Sie dient im wesentlichen zur bildung unbestimmter pronomina; diese stehen fast nur in verneinenden sätzen. *hun* ist = skr. *caná* = *ca + na*.[4] Mit beiden aber hat lat. *quam* in *quisquam* nichts zu tun;[5] denn einmal kann auslautendes *n* im lat. nicht zu *m* werden,[6] weiter aber *quam*, wahrscheinlich acc. sg. fem., got. *hun* nicht entsprechen.[7]

hvanhun jemals (immer mit der negation verbunden: *ni hvanhun* niemals).

hveilôhun irgend eine zeit lang; über *hveilô* vgl. o. s. 43.

pishun μάλιστα meist, besonders, vorzüglich. Hier scheint *hun* nur verstärkend an den adverbialen gen. des

---

1) Fick s. 339.
2) Über den intensiven gebrauch desselben im deutschen vgl. Höfer in Pf. Germ. XV. 61.
3) Curtius s. 289.
4) Bopp II. 221; über *na* vgl. Fick s. 106.
5) Grimm III. 33; L. Meyer G. spr. 38.
6) Corssen Beitr. s. 251.
7) Scherer s. 374 stellt an. *gi* as. ahd. (*hver-*)*gin* mhd. (*ier-*)*gen* ags. (*hvu-, hve-, hu-*)*gu* hierher (vgl. Grimm III. 36 f.); vgl. jedoch Pott Beitr. VI. 261 ff.

pron. *ta* getreten zu sein, welcher zur hervorhebung des folgenden verwant wurde.

suman einst, ehemals, zum teil. *suman* liegt vermutlich wie *þan*, *hvan* ein *sumana* (*sumanât?*) zu grunde, vom thema *suma-na-*; *suma-* entstand durch einfluß des nasals aus *sama*.[1]

un- praefix mit regierender, privativer und modificierender bedeutung. Es ist nahe verwant mit *inu*, und eine vollere form zeigt das ahd. *una-* in *una-holda*.[2] Ihm entspricht gr. ἀνα-, ἀν-, ἀ-, skr. *an-*, *a-*, zend. *ana-*, *an-*, *a-*, lat. *in-*, an. *ú-*, *ô-*, as. ags. ahd. *un-*.[3] Im got. steht das praefix durchaus nicht bloß negativ, und im an. gibt es oft den gegensatz des mit ihm verbundenen wortes, wie es denn ursprünglich nicht zum ausdruck der negation, sondern der opposition dient.[4]

Zu erwähnen sind endlich noch *þatáin* = *þata áin* τοῦτο μόνον (ni *þatáin* — ak jah οὐ μόνον — ἀλλὰ καί) und *þatáinei* (Skeir. 37 *þatáinê*) = *þatáin-ei* μόνον.

§ 3.
Die auf labiale auslautenden partikeln.

af praep. c. dat. ἀπό, ἐκ, παρά und praefix. Vor dem fragenden *u* erscheint die form *ab* (Joh. 18, 34). Demnach ist *ab* die organische form,[5] da es viel wahrscheinlicher ist, daß die auslautende media zur aspirata, als daß diese inlautend zur media geworden sei. Diesem *ab* entspricht skr. *apa* gr. ἀπό lat. *ab* (vgl. *sub* gr. ὑπό).

---
1) Bopp Gloss. s. 409.
2) Grimm II. 775.
3) Curtius s. 286; Fick s. 702.
4) Benfey II. 47.
5) Holtzmann s. 32.

uf praep. c. dat. u. acc. unter, und praefix. In *ufrakjan*, *ufsvalleini-*, *ufsvógjan*, *ufsneipan* tritt die bedeutung 'von unten nach oben, auf' hervor. Auch hier ist die organische form wol *ub* [1] (*ubúhvôpida* Luk. 18, 38) = skr. *upa* gr. ὑπό lat. sub.[2] *ub* neben *ufar* vergleicht sich lat. *sub* neben *super*.

ib- praefix, nur in *ib-daljan*- abhang, tal (Luk. 19, 37); es entspricht gr. ἐπί skr. *api*,[3] wie *af* (*ab*) gr. ἀπό. Möglicher weise ist es jedoch identisch mit *af*, vgl. *ibuka-* skr. *apáka*.[4]

iup ἄνω aufwärts, nach oben; *iup* scheint aus *iupa*, älter *upapa*,[5] entstanden, vgl. gr. ἀπό, ὑπό.

fram 1) adv. ἔμπροσθεν vorwärts 2) praep. c. dat. von - her, von - an (local u. temporal), von, in betreff, bei, um, über, für; auch nominalpraefix. Mit *framaþja*- und *framis* gehört es zu *frama- = *fruman*- skr. *parama* (*frama: fruman* = *saman: suma*), superlat. zu *para*, wozu *fra* gehört.[6] Got. *fram* entspricht ahd. an. *fram*; demnach muß es *a* im auslaute eingebüßt haben und entspricht formell vielleicht skr. *paramam* oder lit. *pirmà* adv. zuvor, zuerst.

§ 4.
Die auf liquide endigenden partikeln.

áir adv. πρωΐ, mane, früh. Nach an. *ár* ahd. as. *êr* ags. *ær* ist *áir* zu schreiben. Weder mit *áiva*- zeit. ewig-

---

1) Holtzmann a. a. o.
2) *sub* wol aus *esub*, vgl. Curtius s. 272.
3) Ebel Zs. IV. 142.
4) L. Meyer G. spr. 392.
5) Vgl. o. *iupaþrô*.
6) Ebel Zs. IV. 142; L. Meyer G. spr. 351.

keit,[1] noch mit gr. ἦρι früh, in der frühe[2] hat *áir* irgend etwas zu tun. Gegen das erste spricht schon die bedeutung. Ἠρι aber ist von dem homer. ἠέριο-ς früh nicht zu trennen, steht also zunächst für ἤ-Ϝερι, weiter aber für ἤϜεσρι, nahe verwant mit ἠώς morgenröte, αὔριον morgen.[3] Die wurzel ist *us*˙ oder *ras*,[4] wozu ahd. *ôstan*, *ôstar*; eine zusammenstellung von *áir* und ἦρι ist demnach unmöglich. Unbedenklich ist die mit zend. *ayare* tag, das aber ebenfalls von ἦρι weit abliegt[5] und, wie gr.˙ ἦμαρ, ἡμέρα zu grdsprl. *jâ*,[6] zu *i* gehen gehört.[7] Der diphthong *ái* entstand aus *aja* wie in *áiza*- skr *ayas*, und *áir* hatte vermutlich die praegnante bedeutung 'am frühen tage.' Anno v. 307 findet sich eine vollere form *ére*, und wie *ufar* verlor *áir* wahrscheinlich auslautendes *i*.

faír untrennbare partikel, namentlich vor verben = ahd. *fir* skr. *pari* zend. *pairi* gr. περί.[8]

faúr ist bereits o. s. 69 besprochen.

ufar 1) praep. c. dat. u. acc. über, jenseits, mehr als (*ufar mikil* sehr groß) 2) praefix. *ufar* = an. *yfir* ahd. *ubar*, *ubari* lat. *s-uper* gr. ὑπέρ, ὑπείρ (= ὑπερι) skr. *upari*,[9] locativ zum compar. von *upa* = got. *uf*. Die grundform ist *upari*, für die man eigentlich *uparai* wie *parai* statt *pari* erwarten sollte.

---

1) Weigand Wb. der deut. synon. nr. 520.
2) Ahrens Zs. III. 171; L. Meyer G. spr. 492.
3) Curtius s. 372.
4) Fick s. 25. 185.
5) Fick s. 688.
6) Pictet Zs. II. 591.
7) Curtius s. 544.
8) Ebel Zs. IV. 142; L. Meyer G. spr. 270.
9) Fick s. 25.

undar praep. c. acc. ὑπό unter. *undar* = an. *undir* zend. *adhairi* (praep. c. acc. unter), ebenfalls locat. des thema *undara*- skr. *adhara* lat. *inferu-s*, compar. des in skr. *adhi* u. a. gr. ἔνθα got. *und* erhaltenen stammes *andha*, dessen superlat. das got. *undarista*- (in *undaristô airþôs* Eph. 4, 9) bietet. Ihrer bildung nach sind von *ufar* und *undar* nicht zu trennen: *afar* 1) praep. c. dat. u. acc. nach, hinter, gemäß 2) adv. (Skeir. 42 *afarûh þan*) 3) praefix; *aljar* anderswo und *jainar* dort, daselbst. Ihnen liegen die durch suff. *ra* erweiterten themen *apa, anja* und *jina* zu grunde. Ob sie ebenfalls locative sind, wage ich nicht zu entscheiden; *afar* könnte skr. *aparam* genau entsprechen, *aljar* vergleicht sich zunächst skr. *anyar* (-*hi*), das wol auslautenden vocal einbüßte.

hvar ποῦ wo, erhalten auch in *þishvarûh* wo nur immer (mit folgendem *þei*). Es beruht jedesfalls auf derselben form wie sein correlat *þar* ἐκεῖ dort, das sich auch in *þarei* ὅπου und *þarûh* ἐκεῖ, ἰδοῦ u. s. w. findet. Ahd. *hwâr, dâr* sind gewis von ihnen nicht zu trennen,[1] obgleich sie langen vocal haben, wie auch ags. *hvær, þær*. Bedenklich aber ist es, nach diesen den got. wörtern langen vocal zu geben,[2] da abgesehen von anderem das an. *hvar* und *þar* zeigt. Eher ist im ahd. dehnung des ursprünglich kurzen *a* anzunehmen. *hvar* entspricht lat. *cur* altl. *quor* warum lit. *kur* wo, wohin skr. *kar* in *karhi* wann, welches lit. *kurgi* wo vielleicht genau reflectiert.[3] *þar* schließt sich an den zweiten teil von skr. *etar* in *etarhi* dann. Mit gr. πόθι und τόθι haben *karhi* und *tarhi* gar nichts zu tun;[4] in ihnen liegt dieselbe

---

1) Scherer s. 465.
2) Holtzmann s. 4.
3) Fick s. 516.
4) Bopp II. 198 f.

bildung wie in αὐτόθι vor, während *karhi* und *tarhi zusammensetzungen von *kar* und *tar* mit der partikel *hi* sind.[1] Man hat vermutet, daß skr. *r* verstümmelung von *tra* sei,[2] und got. *hvar* und *þar* auf skr. *kutra* und *tatra* zurückführen wollen;[3] das erste scheint mir unbegründet zu sein, jedesfalls ist es nicht bewiesen, und dadurch ist das zweite unwahrscheinlich. Wie o. bereits bemerkt, läßt sich die einbuße eines *t*-lautes vor *r* im got. nicht mit sicherheit nachweisen, und jenes suffix *tra* findet sich in *aftra*, *hvaþrô*, *þaþrô*. Im skr. steht *etarhi* neben *tatra*, *karhi* neben *kutra*, *anyarhi* neben *anyatra*, im lat. *cur* neben *citra*. Wir sehen hier überall suff. *r* neben *tra*, und die obige ansicht wird sich demnach schwerlich beweisen laßen. Ich stelle deshalb *hvar* zu einem thema *kara*, erhalten im got. *hvarja-*, *þar* zu *tara. Demnach müßen *hvar*, *kur*, *cur* und *kar* auslautenden vocal eingebüßt haben, was um so wahrscheinlicher wird, als im ahd. die formen *hwâre*, *dâre* vorkommen,[4] die verglichen mit den entsprechenden wörtern der andern dialekte zeigen, daß dieser nur *a* gewesen sein kann.

hindar 1) praep. c. dat. u. acc. hinter, jenseits, über 2) praefix. Ihm liegt das durch suff. *ra* erweiterte thema *hinda*[5] (vgl. *hindana*) zu grunde. Die form ist vermutlich dieselbe wie in *undar*, *ufar*.

---

1) Benfey Gramm. s. 242.
2) Benfey a. a. o.
3) Ebel Zs. V. 237.
4) Graff IV. 1198, V. 53.
5) aus *hina-da*, zum pron.-st. *ki*. Damit hat aber an. *hinn*, *hin*, *hit* nichts zu tun (Fick s. 723). Es findet sich erst in jüngeren quellen statt des älteren *enn*, *en*, *et* oder *inn*, *in*, *it* und gehört zu got. *jaina*; vgl. Holmboe Det norske sprogs væsentligste ordforrad. Wien 1852. s. 182.

hêr adv. her, hier. Im entspricht ags. *hêr* [1] as. *her, hir* (cod. Cott. *hier*) und *hiera* (ps. 72 v. 10, gl. Lips. 574) fries. *hir* an. *hêr* ahd. *hera* und *hiar* (daneben *hara, hare, herra, her, har, hiare, hir, hia*). Holtzmann [2] bemerkt: 'in *hêr* ist falsches *ê*; daß es für *i* steht, zeigt *hiri, hirjiþ, hirjats* und ahd. *hiar* und *hëra*.' *hiri* ist dafür nicht entscheidend, denn in ihm ist *i* aus *ê* entstanden, wie in *inu* ahd. *âno*. Auch *hear* widerspricht nicht got. *ê*. *hëar* zeigt Isid., *hiar* Otfr. und Kero, *hier* Tat. Notk. Willer. Das verhältnis von *ea* zu *ia*, aus welchem *ie* durch abschwächung hervorging, vergleicht sich dem von *feara* (Rd. 400) zu *fiara* bei Otfr., got. *fêra*.[3] Hier ist *ê* der ursprüngliche laut, wie skr. zend. *pâra* zeigt.[4] Eben so steht *meas* bei Ker. got. *mêsa*- lat. *mensa* gegenüber. Das ags. *ê* kann dem got. *ê* entsprechen wie in *vén* got. *véns, cvén* got. *qéns, slépan* und *létan* (neben *slæpan* und *lætan*), *méce* gladius got. *méki*. Das an. *é* freilich macht schwierigkeiten, da an. *é* = got. *é* zweifelhaft ist. Hier könnte es jedoch aus *i* entstanden sein, wie in *mêr* ahd. *mir, þér* ahd. *dir*. In diesem falle müßen wir eine vertretung des got. *ê* durch an. *i* annehmen, und darauf führt auch ahd. *hëra* as. *her, hir* fries. *hir*. Da das ahd. auslautendes *a* zeigt, so sind diese *i* wol aus *e* entstanden oder umlaut nicht eingetreten, vgl. as. *giba* des cod. Cott. neben *geba, unriht* neben *unreht* in den psalmen, und fries. *ita* edere, *irtha* terra, *hirte* cor = *hirta* in den nd. ps. (ps. 54, 5). Das *hier* des cod. Cott. und *hiera* der ps. steht wie in *hie* neben *he, hieri* neben *heri* = got. *harjis*. Ist es erlaubt, einen übergang von got. *ê* in an.

---

1) So schreiben Bouterwek und Grein.
2) Pf. Germ. IX. 183.
3) Holtzmann s. 252; die gl. Ker. zeigen *fera*, und ich wage nicht zu entscheiden, ob dieß *e* lang oder kurz ist.
4) Fick s. 123.

ahd. as. *i* anzunehmen, wie er sich im got. selbst in *hiri* neben *hér, inu* — ahd. *áno* findet, so spricht nichts für die annahme, daß in *hér é* für *ei* stehe.¹ Wäre got. *nih* aus *néh* entstanden, so gäbe uns dieß durch as. *neh* ahd. *noh* ein analogon für die angenommene lautvertretung; mir steht dieß freilich nicht fest, aber dennoch glaube ich, daß die obige erklärung mehr für sich hat, als wenn man annimmt, daß got. *é* für *i* oder *ei* stehe. Ist das erste der fall, so ist für das an. *é* ebenfalls entstehung aus *i* anzunehmen, aber das ags. *hér* macht dann große schwierigkeiten, eben so das ahd. *ia, ea*, während die as. und afries. formen sich leicht erklären. Setzen wir got. *ê = ei*, so mehren sich die schwierigkeiten; an. *ér = got. eir* ist mir sehr zweifelhaft, und ich erinnere mich keines beispiels; ebenso ist das ags. *é* bedenklich, endlich die ahd. as. afr. kürze und ahd. *ia, ea* ganz unerklärlich. Allem dem gegenüber würde man nur annehmen können, daß got. *ei* zu *é* und weiter zu *i* wurde; der erste process ist aber ganz unnötig. Freilich wäre es am einfachsten, den pron.-st. *kja* zu grunde zu legen, wo aus *ja* got. *ei*, weiter *é* ahd. *ia, ea* und das sonst erscheinende *ë, i* entstehen konnte. Natürlicher aber ist es, alle die deutschen wörter auf eine grundform zurückzuführen,² und als solche ergibt sich am natürlichsten *hára*. An. *hédan* und *hédra* sprechen nicht dagegen; ihnen liegt nach analogie von *þadan, þadra* ein *hidan, hidra* zu grunde, woraus *hedan, hedra* und durch dehnung des *ê* (wie in *mér, þér, sér*) *hédan* und *hédra* wurde.

Ließe sich die einbuße eines *t*-lautes vor *r* im got. nachweisen, so würde die annahme einer grundform *hadra*³

---

1) Holtzmann s. 10.
2) Im ahd. sind *hera* und *hiar* allerdings geschieden, jedoch nicht ganz streng, und an. *hér* ags. *hér* bezeichnen her und hier.
3) Scherer s. 465.

viel für sich haben; jene aber ist nicht zu beweisen. Ich halte das oben angenommene *hára* für eine casusform des *ra* erweiterten pron.-st. *ka*. Grundsprachlich bestehen *ka* und *kva* neben einander, an dieses schließt sich got. *hva-*, an jenes *hér*. Vorzugsweise zeigt *ka* allerdings interrogative bedeutung, daneben aber läßt sich auch eine indefinite und demonstrative nachweisen;[1] auch gr. κατά, κάτω gehören zu *ka*. Die dehnung des *a* vergleicht sich etwa der des *a* im pron.-st. *sva* in got. *svésa-*.[2]

Hier mögen noch die beiden folgenden platz finden:

áiv je; immer mit der negation verbunden (*ni áiv nie*). Es ist der adverbial gebrauchte acc. von *áiva-* (oder *áivi-* vgl. Matt. 6, 15) = skr. *áyu* lat. *aevu-m*, gr. αἰών für αἰϝών.[3] *áiv* stimmt genau überein mit gr. αἰέν für αἰϝέν; es findet sich noch in den zusammensetzungen *halis-áiv* μόγις kaum je, kaum (Luk. 9, 39) und *suns-áiv* εὐθέως sogleich.

néhv nahe (Luk. 15, 25); die form ist wol dieselbe wie in *inn*, *faúr*.

§ 4.
Die auf *s* auslautenden partikeln.

áiris früher, eher (Luc. 10, 13); es ist compar. von *áir*.[4]

---

1) Curtius s. 426.
2) In ahd. *hara* ist nicht eine ursprüngliche kürze bewahrt, sondern es ist aus *hëra* entstanden.
3) Weiteres bei Benfey I. 7, Curtius s. 359, Kuhn Zs. II. 232, Ebel Beitr. II. 159.
4) Graff I. 434 hält es für möglich, daß *áiris* = *áir is* sei. Dieß beruht auf einer verkennung der von ihm angeführten *áir þis dagis* Mark. 16, 2, wo þis dagis durchaus nicht von *áir* abhängt, sondern gen. tempor. ist und 'an diesem tage' bedeutet (vgl. Heyne Ulfil. s. 290 anm.) und *áir úhtvón* Mark. 1, 35, welches eine hendiadys ist;

aljaleikôs ἄλλως, ἑτέρως; adverbialer compar. zu *aljaleika-*, entstanden aus *alja-leika-jas*.[1]

allis überhaupt, zwar, denn (mit ausnahme von Mark. 12, 25 immer nachgesetzt). Nach den entsprechenden an. *alls* ahd. *alles* ags. *calles* omnino ist *allis* gen. sg.[2] Compar. kann es schon deshalb nicht sein, weil *alls* nicht compariert wird.[3] Über *alla* vgl. *allaþrô*.

anaks ἐξαίφνης plötzlich, gehört zu skr. *añjas* das gleiten, glitschen, als adv. flink, plötzlich, wozu der instrum. *añjasâ* straks, alsbald.[4] 'Die form *anaks* d. i. *anagas* erklärt sich aus dem praes. thema skr. *anakti*.'

andis nur in *andizuh-aíppáu* (Luk. 16, 13) entweder-oder. Ihm entspricht an. *endr* wiederum, demnach ist *andis* wahrscheinlich compar. eines thema *anda-*, wozu auch *and* und *anda* gehört.[5] Dieses *andis* hat mit unserm *ent-* in entweder nichts zu thun.[6]

andvaírþis (Matt. 27, 61) gegenüber, c. dat. Es ist gen.[7] des stammes *andvaírþa-*; diesem *vaírþis* entspricht ahd. *wertes* in *anawertes*, *inwertes*; *vairþa* gehört zu *vairþan* lat. *vertere*.

dis praefix im sinne von zer-, ver-, oder verallgemeinernd. Es ist mit lat. *dis-*, gr. διά skr. *vi*[8] gar nicht

---

es übersetzt πρωΐ ἔννυχα λίαν lat. diluculo valde; ich erkläre es: 'früh, in der (frühen) morgenzeit.' Über das *eiris* der Merseb. Zaubersprüche vgl. Hotzmann s. 250.
1) L. Meyer G. spr. 185.
2) Grimm III. 88, Bopp III. 478.
3) Grimm III. 591, Bopp II. 41 anm.
4) L. Meyer Zs. VI. 10, Fick s. 6.
5) L. Meyer G. spr. 187.
6) Müller Mhd. Wb. III. 547, Grimm III. 38.
7) Scherer s. 105.
8) L. Meyer G. spr. 114, Lottner Zs. VII. 182.

verwant, da, wie bereits oben bemerkt, got. *d* = grdsprl. *d* im anlaute sehr bedenklich, das *d* des zahlwortes grdsprl. *dva* durch got. *t* in *tva*- reflectiert ist, und das dem *dis* zu grunde liegende *dris* = got. *tvis* (in *tvis-standan* discedere) ahd. *zer* ist. Ich stelle *dis* dem skr. *dhas* in *adhas* (ablativ)[1] gleich, welches mit *du* zu dem oben aufgestellten pron.-st. *dha* gehört.

faúrþis vorher, zuvor, früher; in *faúrþis*, welchem ahd. *furdir* und mit geringer änderung as. *furdor* ags. *furdur* afr. *further* entspricht, liegt der adverbiale compar. des stammes *furtha* vor[2] (vgl. as. ags. *ford* afr. *forth* an. *fordum*) superl. des in *faúr*, *faúra* erhaltenen *pura-*. Gegen die zusammenstellung von *faúrþis* mit ahd. *fordes* = *for des*[3] spricht, daß *faúr* im got. nicht den gen. regiert.

faúrþis findet sich noch in der verbindung ***faúrþizei*** (*faúrþizé* Luk. 2, 26 und Mark. 14, 72) vor dem daß, bevor.

framis weiter fort. Es ist adv. compar. des stammes *frama*, wozu *fram* gehört, = an. *fremr*.

framvaírþis (II. Tim. 3, 14) gen. v. *framvairþa*- (über *vairþa* vgl. *andvairþis*); compar.[4] kann es nicht sein, da ihm ahd. *frammordes*, *frammortes* (aus *framwertes*) ags. *fromveardes* entspricht.

framvigis fortwährend, für immer, ist adv. gen. eines subst. *framviga*- fortsetzung; *viga*- mit *vigan* zu lat. *vehere*.

gistradagis cras morgen (Matt. 6, 30), gen. v. **gistradaga-*. *gistra* ist compar. von *gis-*, welchem an. *gjár* und

---

1) Benfey Gramm. 237.
2) L. Meyer G. spr. 187, Fick s. 798.
3) Grimm III. 188.
4) L. Meyer G. spr. 187.

gær (in *i gær* oder *gjár* gestern [1]) gr. χθές lat. *heri* für *hesi* skr. *hyas* (gestern, ved. auch morgen [2]) entspricht. Das grdsprl. *ghjas* [3] gehört vermutlich zu skr. *há (ji-hite)* weggehen, aus einander treten. Im got. ist demnach *ja* zu *i* geworden; *dagis* ist gen. von *daga-* tag, zu skr. *dah* brennen. [4]

haldis potius (nur in: *ni þê haldis* nicht um so mehr, durchaus nicht). Ihm entspricht an. *heldr* lieber, mehr. Beide gehören zu einem germanischen *halda-*, wozu der an. superl. *helzt* potissimum, ahd. *halt* potius, sed, *halto* cito, wahrscheinlich auch as. *hald* vielmehr. Daneben aber erscheint auch *haltha-*, und dazu gehört got. *(vilja-) halpein-*, *hulpa-*, an. *hallr (höl, halt)* proclivis und ahd. *hald* clivis, obliquus. [5] Beide beruhen jedoch sicher auf einem thema *kalta* = lit. *kélta-s* gehoben, *isz-kélta-s* erhaben, hoch, lat. *celsu-s*, *ex-celsu-s*, [6] die mit lat. *colli-s* für *colni-s* lit. *kalna-s* m. berg, got. *haldan* zu skr. *kal* heben, halten gehören. [7] — *haldis* an. *heldr* ist compar. des thema *halda*.

halis in *halis-áiv* kaum. Wie in *sunsáiv*, so steht auch hier *áiv* nur verstärkend und *halis* allein hat die bedeutung μόγις. Es scheint adverb. compar. eines adj. *hala-aeger*, molestus, welches vielleicht zu *hólón* schaden, betrügen

---

1) Ficks erklärung des an. *gjár* aus *gjastr*, *gjassr* (s. 746) scheint mir verfehlt zu sein. *gjár* = *giar* entspricht genau skr. *hyas*, während in *gær* der locat. *ghjasi* = lat. *heri* vorliegt.

2) Benfey Sâmavedagloss. s. 209. Auch das ahd. *égester* (Graff IV. 273) hat die bedeutung 'übermorgen.'

3) Fick s. 72.

4) Benfey II. 216, Fick s. 86.

5) Damit erledigt sich die bemerkung Holtzmanns (s. 28): 'haldis potius gehört zu *halpei*; man erwartet *halpis*.'

6) Fick s. 350.

7) Fick s. 39.

gehört,[1] vielleicht aber mit *huldis* stammverwant ist (vgl. skr. *kal* treiben, antreiben, betreiben).

háuhis ἀνώτερον höher, weiter hinauf (Luk. 14, 10), adverb. compar. zu *háuha-*, vgl. *háuhaba*.

jaíndvaírþs ἐκεῖ (Joh. 18, 3); *vaírþs* ist adverb. compar. zu *vaírþa-*,[2] aus der volleren form *vaírþis* verkürzt, wie *seiþs* aus *seipis, das als compar. durch *þanaseiþs* neben *þanamáis* erwiesen wird. Diesem *vaírþs* entspricht ahd. *wert* in *anawert, afterwert*.[3]

máis magis mehr, viel mehr, vielmehr (*hvan filu-máis þamma* je mehr — desto mehr), vgl. o. *máist*.

mins weniger, geringer (II. Kor. 12, 15 *mins frijóda* cod. A, *minz* cod. B) = as. ahd. *min*; vgl. lat. *minus*, an. *minnr, midr* ksl. *mĭnij*. Während der got. compar. *mins* aus *minis* mit lat. *minus* ksl. *mĭnij* auf ein thema *mina-* führt, enthält got. *minnizan-, minnista-* an. *minnr* das thema *minna-*. Beide gehören zu skr. *mi* mindern, jenes durch suffix *na* gebildet zu dieser wurzel, dieses zu dem praesensthema *minu* skr. *minoti* gr. *μινύω* lat. *minu-o*;[4] zu grunde liegt ihm ein *minua-, minva-*, aus welchem *minna* durch assimilation des *v* an *n* entstand.

nêhvis ἐγγύτερον näher (Röm. 13, 11), compar. zu *nêhv, nêhva*.

raíhtis denn, doch, nemlich (nur Röm. 10, 18 am anfange des satzes in der bedeutung 'freilich'; außerdem ist es immer dem ersten oder zweiten worte nachgesetzt),

---

1) Grimm in Haupt Zs. III. 146.
2) L. Meyer G. spr. 187.
3) Scherer s. 105.
4) L. Meyer G. spr. 205.

adverb. gen. von *raihta-*[1] vgl. *raihtaba*. Wurzelhaft verwant ist wahrscheinlich auch lat. *ergo*.[2]

sniumundôs eiliger, compar. von *sniumundô*, s. o.

suns bald, sogleich, plötzlich, auf einmal, zugleich. Nahe verwant ist as. *sân*, *sâna*, *-o* ags. *sôna* (für *sâna*, vgl. *môna* got. *ména*) fries. *sân* und *sôn* (vgl. *môna* = ags. *môna*) mhd. *sán*. Sie weisen auf einen stamm *sána-* hin, dessen *â* im got. zu *u* wurde (vgl. *gakrôtuda* Luk. 20, 18 für *gakrôtôda*). Hierher gehört auch ahd. *sun* in *herasun* hierher, *hwarasun* wohin[3] und ahd. *sár*, *sárc* statim, mox. Dieses mit jenem *sána* verglichen zeigt als radiales element *sa*, den pron.-st. *sa*, an welchen die suffixe *na* und *ra* traten, indem der stammauslaut gedehnt wurde (vgl. as. *thár* ags. *pær*); *suns* ist der compar. jenes *sána*.[4]

sunsáiv = *suns-áiv* sogleich; *sunsei* = *suns-ei* sobald als.

tus- praefix in *tuz-vérjan* (Mark. 11, 23); ihm entspricht an. *tor-* ahd. *zur-(zurwári* suspiciosus) skr. *dus* zd. *dush* gr. δυς-.[5] Wahrscheinlich gehören diese wörter zu skr. *dush* verderben, schlecht sein, *dvish* haßen; ob weiter auch zum zahlwort *dva*, zweifle ich.

tvis- praefix in *tvis-standan* discedere, *tvis-stassi-* discessio, dissensio, = lat. *dis* für *dvis*.

þanamáis weiter, noch, = *þana* (ältere form von *þan*) + *máis*.

þanaseiþs weiter, mehr, noch = *þana + seiþs*; *seiþs* ist adverb. compar. v. *seiþu-* (vgl. *hardizan-* von *hardu-*)

---

1) Grimm III. 591; Bopp II. 41 hält es für comparativ.
2) Wilbrandt Zs. XVI. 238 ff.
3) Grimm III. 197. 213, Scherer s. 105.
4) Grimm III. 590, Scherer a. a. o.
5) Benfey II. 223, Fick s. 95.

statt *scipis*, vgl. an. *sîðr* weniger, as. ags. *sið* ahd. *sid*. *scipu*- ist nahe verwant mit *sáinjan* zögern, sich verspäten, lat. *seru-s* spät, skr. *sáya* abend,[1] die wol alle zu *sá* beendigen gehören, von den sanskritgrammatikern als *so*, spec.-thema *sya* aufgeführt; daß auch lat. *sétius* hierher gehöre,[2] bezweifle ich.[3]

Über *þis* vgl. o. *þis-hun;* zuweilen kommt es einem 'so' gleich.[4]

us 1) praep. c. dat. aus, von, von-her, von-an 2) praefix. Vor *r* verwandelt *us* als praefix sein *s* in *r* z. b. *ur-rinnan*, *ur-reisan*, ebenso einmal auch als praep.: *ur riquiza* (II. Kor. 4, 6). Dagegen hat einmal noch das praefix das *s* vor *r* behalten, in *usrumnôda* (II. Kor. 6, 11 cod. B, *urrumnôda* cod. A). Ihm entspricht ahd. *ur, ar, er, ir* as. *ur*- ags. *or*- afr. *ur*-, *or*- an. *ur, or, ör*-, *er*-. Demnach ist das got. *u* nicht lang,[5] wenn auch im an. zuweilen *úr*, *ór* geschrieben wird, und die brechung des *u* vor *r* unterblieb, weil *r* ganz junger laut war. Die etymologie ist unklar, und ich wage keine entscheidung, sondern begnüge mich, die bisher aufgestellten ansichten vorzuführen. Grimm[6] hält sl. *izŭ* lit. *isz* aus, vielleicht auch lat. *e, ex* gr. ἐϰ, ἐξ für vergleichbar.[7] Pott und L. Meyer[8] vermuten zusammenhang mit skr. *ava* weg, zurück, ab, herab. Kuhn[9] nimmt

---

1) L. Meyer G. spr. 164.
2) Fick s. 892.
3) Corssen Beitr. s. 5 ff. 11; Nachtr. 47.
4) Scherer s. 383.
5) Holtzmann s. 9.
6) III. 253.
7) Über diese cf. Curtius s. 358, Fick s. 335; über die einbuße des *h* im got. L. Meyer G. spr. 51.
8) Pott Et. forsch. I². 619 ff.; L. Meyer G. spr. 423; vgl. Bopp III. 493. Über das dort angezogene skr. *áris* vgl. das Pet. Wb. I. 711.
9) Zs. V. 210 ff.; vgl. J. Schmidt Zur gesch. des ig. vocal. s. 150.

an, daß *us* aus *ans* entstanden und identisch sei mit skr. *nis* aus *anis*. In diesem falle wäre *us* nahe verwant mit *in* gr. εἰς, ἐς lat. *us* in *us-que* sl. *es* in *este*.[1]

vairs adv. schlimmer (Mark. 5, 26); es gehört zusammen mit dem compar. *vairsizan*- schlimmer. *vairs* entspricht ahd. mhd. as. *wirs* an. *vers* (in *versna* sich verschlimmern) und *verr* peius. Im as. erscheint das adj. *wirsa* peior = ags. *vyrsa* fries. *wirra* an. *verri* (aus *versi*[2]). Diese als comparative aufzufaßen, ist sehr bedenklich wegen des compar. *s*, welches im ahd. as. überall in *r* übergegangen ist. Scheinbar hat es sich gehalten im ags. *läs-sa* minor (superl. *läst*) afr. *lessa* (superl. *lerest*).[3] Aber wie ags. *þisne* (acc. sg. v. *þes*) aus *þisana*, so entstand *þisse* (gen. sg. fem.) aus *þis(a)re*, *þissa* (gen. pl.) aus *þis(a)ra*, und eben so *lässa* aus *läsra*.[4] Gerade so dürfen wir afr. *lessa* aus *lesra* erklären, da das afr. *r* eine leise aussprache hatte[5] und leicht assimiliert werden konnte. Der zweifel ist demnach berechtigt, ob in *wirsa* ein compar. vorliegt.[6] Dem got. *vairsizan*- ahd. *wirsiro* as. *wirsist* ahd. *wirsister* legt man am natürlichsten einen positiv *virsa*- zu grunde, dessen schwache form das as. *wirsa* zeigt. Wäre *vairs* comp. = *vairis*, so führte das auf einen stamm *vira*-, wozu auch an. *verri*, *verstr* gehören könnten; *verri* aber erklärt sich aus *versi*, *verstr* aus *vers-str* und *vairs* ist wegen des as. *wirs* kein solcher comparativ. Nehmen wir also ein thema *virsa* an, so ergeben sich aus ihm alle vorkommende formen.

---

1) Burda Beitr. VI. 89.
2) wol nicht aus *virsisan*, Fick s. 879.
3) Vgl. Grimm III. 611.
4) Holtzmann s. 227.
5) Grimm I. 230.
6) Grimm (zu Andreas s. 137) glaubte dazu den posit. in ags. *reor* gravis, *molestus* zu finden; *veor* steht aber vermutlich statt *veorr* = *vyrs*, st. *virsa*; vgl. *veorra vorda* Cädm. 444.

	Pos.	Comp.	Superl.
	virsa	*virs-is-an*	*virs-ist-a*
got.	*vairs*	*vairsizan*	
ahd.	*wirs*	*wirsiro*	*wirsistêr*
as.	*wirsa, wirs*		*wirsist*
ags.	*vyrsa, vyrs*		
an.	*verri, vers, verr*		*verstr = vers-st-r*
afr.	*wirra*		

So lösen sich scheinbar alle schwierierigkeiten. Aber dennoch werden wir in *vairs* einen compar. erkennen müßen, nicht jedoch aus *vair-is*, sondern aus *vairs-is*, *vairs-s* entstanden. Scherer[1] weist scharfsinnig nach, daß das deutsche und ags. (westgermanische) im allgemeinen kein ursprünglich auslautendes *s* duldet, während got. und an. (ostgerman.) es unangetastet läßt. So ist got. *seips* ahd. *sit*, got. *mins* ahd. *min*, und ebenso wird *vairs-s* ahd. *wirs* entsprechen. In ihm, sowie dem as. *wirs* ags. *vyrs* an. *vers* liegen demnach comparative vor, die aber durchgängig wie got. *vairs* das comparativische *s* einbüßten.[2] Der pos. *virsa-* steht aber nichts desto weniger fest,[3] und es ist verkehrt, z. b. as. *wirsa* aus *wirsisan* entstehen zu laßen.[4]

Die zusammenstellung von *virsa-* mit gr. χέρης-,[5] wozu auch lat. *vîli-s* gehören soll,[6] ist sehr bedenklich. *virsa-* gehört vielmehr zu ahd. *wërran* mhd. *werren* lat. *verro* aus

---

1) s. 97 ff.

2) Dieß gibt aber keinen grund, etwa auch in as. *wirsa* u. s. w. die einbuße der silbe *is* anzunehmen, da die apokope jenes *s* lediglich eine folge davon war, daß es im auslaute stand.

3) Vgl. auch unser *unwirsch*, mir wird *wirsch* und Tobler Zs. IX. 257.

4) Afr. *wirra* entstand aus *wirs-a-* durch den sehr häufigen übergang von *s* in *r*, nicht aus *wir-ra*.

5) Über χέρης vgl. Curtius s. 188.

6) L. Meyer G. spr. 180.

verso treiben, schleppen, fegen gr. ἔρρειν aus Ϝέρσειν (hom. ἀπο-Ϝέρσε, ἀπο-Ϝέρσειε) fortreißen, sich packen.[1] Mhd. **werren** bedeutet u. a. schaden, verdruß bereiten; *virsa* bedeutete ursprünglich leid, schädlich, schlecht, woraus sich ein comparativer begriff leicht entwickeln konnte, in folge dessen denn auch im as. u. s. w. *wirsa* die sog. schwache form erhielt.

---

1) Fick s. 879.